DÉMERDEZ-VOUS POUR ÊTRE HEUREUX !

Photo de couverture : Julien Girardot

Conception graphique de la couverture : Studio Foltzer
Prépresse et fabrication : Glénat Production

Couvent Sainte-Cécile
37, rue Servan – 38000 Grenoble
www.glenat.com

ISBN : 978-2-344-06383-5
Dépôt légal : mai 2024

Chantal Loiselet

—

DÉMERDEZ-VOUS POUR ÊTRE HEUREUX !

Le BEL ESPOIR
du père Jaouen

Glénat POCHE AVENTURE

Je dédie ce livre à mon père,
je l'ai réalisé grâce à lui;
et à Bernard, qui y croyait.

«Et soudain j'éprouvai avec plaisir la grande sécurité de la mer, en comparaison des agitations de la terre. Je me félicitai du choix que j'avais fait de cette existence dénuée de tentation, dépourvue de problèmes troublants, et à laquelle l'absolue franchise de ses exigences et la simplicité de son but confèrent une beauté essentielle.»

Joseph Conrad (*Fortune*)

« Partir confère de la dignité. C'est un acte que l'on n'accomplit pas avec ses allures de tous les jours. On ne sent plus sur ses épaules le poids du quotidien. Au plus profond de soi, chacun perçoit qu'une naissance se déclare. »

Albert Londres
(*Vie et mort d'un grand reporter*, Pierre Assouline)

Préface

On peut regarder la mer pendant des heures... sa beauté, sa force, son calme, son odeur, son flux et son reflux... On peut s'en éloigner sans crainte car on sait qu'elle est là, que l'on peut revenir, elle sera encore là pour apaiser l'absence, le manque.

La mer, pour un terrien, c'est un peu le feu dans la cheminée, qui réconforte, qui réchauffe... comme une présence immuable, rassurante.

Et puis un jour on prend la mer, on se fait marin. Ce jour-là, on découvre un autre monde, on part au-delà de l'horizon, on oublie la terre et son théâtre permanent.

À terre, on peut mentir, on peut fuir.

À terre, la vie en société nous offre toutes les possibilités d'esquive, seule la façade est importante, elle est notre bouclier, notre protection.

En mer, c'est différent. La vie sur un bateau est un formidable révélateur des véritables personnalités qui se côtoient : dès qu'on ne distingue plus la côte, une machine infernale se met en route où, jour après jour, les qualités mais aussi les défauts de toute cette petite communauté vont apparaître.

Très rapidement les façades s'estompent et ne laissent visibles que les fondations et les armatures des différents personnages que sont les «équipiers».

En mer, on ne peut pas tricher, une seule chose est importante : flotter et avancer !

Cet axiome de départ, le père Michel Jaouen l'a éprouvé depuis longtemps et il n'a pas oublié ce pouvoir étonnant que la mer nous offre sans même le faire remarquer.

Michel, ce jésuite, a longtemps travaillé à terre sur un navire immobile : la prison.

C'est peut-être là que Michel a forgé jour après jour cette étonnante capacité d'écoute et d'observation. Dans le silence, son regard perçant nous déshabille, avec la justesse de ces médecins de campagne qui détectent le moindre problème, le moindre faux pas.

Quand on rencontre Michel, on va déjà beaucoup mieux même si l'on n'a rien à lui demander !

«Le chantier de l'enfer» à l'Aber Wrac'h est lui aussi un navire immobile, où chaque coup de rabot pousse un peu plus loin en avant.

Mais le miracle est ailleurs, Michel, ce Breton «granitique», a su jour après jour, tout au long de son parcours, distiller une certaine philosophie : celle qui permet de faire émerger la partie positive de l'individu, simplement en le confrontant aux autres individus.

La première qualité de Michel, c'est sa capacité d'écoute. L'écoute, une valeur qui dans le monde d'aujourd'hui se fait rare, très rare, et trop souvent absente.

Bien sûr, on dira que l'écoute réclame du temps. C'est vrai, mais son absence est de plus en plus dévastatrice dans notre société actuelle.

La seconde qualité de Michel, c'est d'avoir créé l'AJD pour partager son savoir, ses connaissances, ses méthodes, pour soutenir les équipiers ballottés par la vie, comme les béquilles d'un bateau quand la mer se fait basse.

À mes yeux, le « miracle » a eu lieu, le père Jaouen n'est plus seul, le monde maritime lui a permis de créer tout un réseau humain, qui multiplie au quotidien le temps de l'écoute, ce qui n'est pas toujours facile quand on a une famille, un patron...

En vieux coquin que je suis, je dirais que Michel n'a de comptes à rendre qu'à Dieu ! Une façon pour moi de saluer le dévouement de tous ceux qui participent de près ou de loin à l'association des Amis du jeudi-dimanche.

Aujourd'hui, l'association est une réalité, et surtout une nécessité : tous ceux qui croisent son chemin se doivent d'y prêter attention pour que tous ses équipages continuent à naviguer.

Qu'y a-t-il de plus beau qu'un navire qui prend la mer ?

Je souhaite bon vent à l'AJD.

Georges Pernoud
Créateur et présentateur de l'émission
Thalassa sur France 3, magazine dédié
à la mer qui existe depuis 1975.

L’AJD

L’association des Amis du jeudi-dimanche est une association loi 1901.

Mounie en a été la première secrétaire. Marie-Anne a pris sa suite, secondée par Aurélie.

Les autres salariés de l’association sont les formateurs du chantier: Zykton, qui en est l’instigateur, Grand Yves, Gwenn, Philippe, Xavier, Hervé…

Les équipages sont constitués en nombre égal de stagiaires du chantier et de «marmars», élèves des écoles de la marine marchande. Ces derniers peuvent faire valider leur temps de navigation à bord des bateaux dans le cursus de leurs études.

Zykton prend régulièrement le commandement d’un des bateaux. Les autres commandants, à l’exception de quelques-uns, sont dans la marine marchande. Ils donnent des semaines de leurs congés pour monter à nouveau sur les passerelles du *Bel Espoir* ou du *Rara Avis*.

Biographies mêlées de Michel Jaouen et de l'AJD

1920 : Michel naît à Ouessant. Il est le troisième d'une fratrie de quinze enfants. Son père est médecin.
1922 : la famille s'installe au bourg de Kerlouan.
1927 : il va à l'école de Guissény.
1933 : il entre au collège Bon-Secours de Brest, tenu par des jésuites.
1939 : titulaire du baccalauréat, il entre au noviciat des jésuites.
1940 : il refuse de partir au STO. Il est résistant pendant la guerre sous le nom de Jean Lecœur.
1945 : il reprend ses études théologiques à Lyon.
1951 : il est ordonné prêtre et crée l'AJD avec le père Gounon. L'été, il emmène ses jeunes au bord de la mer.
1954 : il est aumônier à la prison de Fresnes.
1959 : l'AJD achète le terrain des baraques à Landéda pour les camps d'été.
1964 : il crée à Paris le foyer des Épinettes pour les jeunes qui sortent de prison.
1968 : l'AJD achète le *Bel Espoir II*.

1971 : il laisse le foyer des Épinettes. Première croisière du *Bel Espoir* vers les Antilles : « La grande croisière des cent jours » avec des scolaires.

1972 : premier voyage transatlantique avec les drogués sur le *Bel Espoir*.

1973 : deuxième voyage avec les drogués.

1974 : troisième voyage avec les drogués.

1974 : don du *Rara Avis* à l'AJD. À partir de cette date, les deux bateaux traversent l'Atlantique ensemble tous les ans.

1984 : bail de location de l'île Stagadon.

1992 : le *Bel Espoir* entre au chantier de Camaret pour être entièrement refait.

1995 : le *Bel Espoir* navigue à nouveau.

1996 : le *Rara Avis* est à son tour arrêté.

1999 : le chantier naval de l'AJD ouvre ses portes au Moulin de l'Enfer. Réfection du *Rara Avis* au chantier.

2001 : don de l'île Stagadon à l'AJD.

2002 : le *Rara Avis* sort du chantier. Les deux bateaux repartent ensemble.

2009 : l'AJD devient propriétaire du chantier du Moulin de l'Enfer.

Chaque année, en décembre, Michel prend la mer sur le pont du *Bel Espoir* ou du *Rara Avis* pour la «transat annuelle». L'été, les bateaux naviguent en mer Baltique, en Manche, en mer du Nord (Norvège, Danemark, Irlande, Écosse...). En automne, ils emmènent des scolaires ou des comités d'entreprises le long des côtes françaises. C'est aussi la saison des réparations au chantier, avant le grand départ.

En leur absence, les stagiaires du chantier travaillent sur des bateaux plus petits donnés à l'association, et assurent l'entretien de Stagadon et des baraques.

Avant-propos

J'en avais assez, vraiment assez, d'entendre tous les matins à la radio l'annonce de catastrophes planétaires. Mon petit déjeuner n'avait plus de goût.

Une pincée de sel sur le beurre de ma tartine et elle serait peut-être meilleure ? Ah oui ! Oui ! Le sel de la mer...

Et si j'agitais mon bol de chocolat ? Les vagues de l'océan...

Ma pensée traçait une ligne directe sur la carte de France entre Grenoble et la Bretagne. Question de survie ! Mon Google Earth imaginaire, comme l'étoile du berger, me stoppait net au-dessus... Au-dessus de quoi ? Vue plongeante, zoom avant. Et grossissait, grossissait la petite anse vaseuse, bras de l'Aber Wrac'h dans son fouillis de fougères, et le grand bâtiment gris, les bateaux au ponton, tout un fourmillement de lilliputiens. Le chantier naval du Moulin de l'Enfer, repaire de l'AJD !

J'étais enfin à l'abri de la morosité médiatique.

Alors, je me suis dit qu'il fallait témoigner de ce lieu, des gens qui y vivent, qui en partent et y reviennent, emmenés par des flots porteurs d'espoir, comme le nom inscrit sur la coque du plus vieux bateau de la flotte : le *Bel Espoir II*. Il fallait aussi parler de celui par qui tout est arrivé. Celui qu'on appelle « Michel » à peine l'a-t-on côtoyé, « le père Jaouen » pour ceux qui ne l'ont pas encore rencontré.

« Qu'est-ce que vous attendez pour brasser le hunier ? »

Au début était le Verbe : brasser

Voilà, ils sont partis. Sans fanfare, sans esbroufe. Et on ne sait pas pourquoi, ça fait des picotements au bord des yeux et un creux au ventre de les voir s'éloigner. Pourtant, ce n'est pas la première fois qu'ils partent. Et ils sont ensemble. L'un derrière l'autre, ils glissent sur l'eau plate et grise du port de Brest pour sortir de la rade : le *Bel Espoir*, avec ses allures de bateau pirate, le *Rara Avis* et son petit air de goélette de luxe. Trois plus trois mâts qui déploieront leurs voiles quand on ne les verra plus. Déjà.

Ça ne sert à rien d'agiter encore les mains. Oui, mais quelle sera l'humeur de l'océan quand ils ne seront plus à l'abri de nos regards ?

Une mère essuie la larme qui coule sur sa joue. Elle l'avait contenue, elle avait fait bonne figure et ravalé ses recommandations tant que son petit était à portée de voix. Cet océan, tout un océan qui va les séparer... Pour lui, les aventures qu'il va vivre, pour elle, son imagination qui va le suivre. Mais au fond d'elle-même, elle est soulagée que l'association du père Jaouen ait bien voulu le prendre en charge.

Les parents ne savaient plus à quel saint se vouer. Ils avaient vu trop tard que leur enfant était sur une pente dangereuse. Qu'il avait trouvé refuge dans la drogue, l'alcool ou les mauvais coups. Ils ne s'étaient pas rendu compte qu'il ne trouvait plus sa place dans ce monde d'adultes trop occupés à travailler, à divorcer, à chômer, à faire face à eux-mêmes et non plus à lui.

On leur a parlé du père Jaouen et de ses bateaux. Ils ont téléphoné. On leur a dit: «Écrivez». Bien sûr, au cours du premier entretien téléphonique, le père Jaouen a laissé les parents s'épancher, il a posé quelques questions, encouragé à ne pas céder au désespoir. Rien n'est jamais perdu! Ce n'est qu'en raccrochant qu'il perd parfois patience: «Mon fils! Mon fils! Il a 27 ans, c'est encore leur gamin!» Il a indiqué la procédure à suivre. Les parents ne doivent pas tout faire à la place de leur enfant. Celui-ci doit reprendre l'initiative, faire sienne cette idée de voyage. S'il n'est pas volontaire, il n'en tirera aucun bénéfice.

C'est presque trop énorme ce manque de solennité, alors que le départ représente tant de choses. Il n'y a pas eu d'excitation de dernière minute. Juste un peu d'énervement la veille. La fenêtre météo était bonne, on pouvait partir, tout devait être paré. La soixantaine de passagers avaient pris possession des cabines, les coffres sous les bannettes étaient remplis de vivres, les cuves de fuel et d'eau potable étaient pleines. Derniers accessoires avant le lever de rideau, des cagettes de légumes ont circulé de mains en mains, entre le quai et le pont arrière.

Mais ces deux bateaux ont l'habitude. Quatre décennies de mer pour un tour annuel de l'Atlantique, 20000 milles par an par bateau, l'équivalent de vingt tours du monde !

Sur le quai, un monsieur a demandé qui étaient les commandants de ces bateaux. On lui a montré les têtes penchées sur les dernières vérifications de route et d'instruments. Et les matelots ? C'étaient tous ces jeunes affairés, qui traversaient les ponts de bout en bout, en zigzaguant entre les obstacles. Les autres, qui erraient, un peu embarrassés d'un bord à l'autre, constituaient les passagers.

Il avait bien du mal à percevoir une quelconque homogénéité dans ce groupe humain qui s'apprêtait à partager cinq semaines de mer. Des têtes brunes, blondes, grises ou blanches, des petits et des grands, des maigres et des corpulents, des visages épanouis et d'autres graves. On lui a expliqué qu'ils venaient de tous les horizons sociaux et géographiques et que leur dénominateur commun réside dans leur volonté d'être « stagiaires » sur le *Bel Espoir* ou le *Rara Avis*. Attention ! Ici le mot « passager » n'a pas cours.

Et le père Jaouen ? Ah ! Le journaliste d'*Ouest France* braquait justement son objectif sur une salopette à la Coluche... Elle a enjambé prestement la lisse ! Il embarque tout le temps ? Bien sûr !

Et ce personnage qui ne s'activait pas, ne semblait pas désemparé ? Qui avait l'air de considérer ce départ comme tout à fait naturel ? C'était Maurice. Il en est à sa seizième traversée. Homme sage et observateur, il est rompu à la diversité des embarqués et ne se formalise plus de ce mélange surprenant.

On a largué les amarres: «Choque la garde avant! Du mou dans la pointe arrière!» Personne n'a compris grand-chose, ceux qui embarquaient se sont sentis un peu bousculés, ils ne savaient pas trop où se mettre pour ne pas gêner les mouvements de ceux qui manœuvraient.

Et après?

Le *Bel Espoir* et le *Rara Avis* descendent plein sud, jusqu'au point où ils attraperont les alizés.

«Mais qu'est-ce que vous attendez pour brasser le hunier?»

La voix tonne, les mots balayent le pont, s'enroulent autour des haubans, cognent dans les voiles, rebondissent. Comme une boule de feu.

Les consciences engourdies émergent à la voix de celui qui veillait. Les pieds trébuchent sur les cordages en vrac. Les membres titubent au roulis, au tangage, on ne sait plus, au moins on est debout après l'enfer du mal de mer dans les bannettes. Corps malmenés, esprits confus, bateau en désordre... la voix qui ordonne rassure. On a été secoué, maintenant il faut se secouer! Le soulagement d'être vivant est un début à la fraternité.

Michel est pour le brassage, le brassage du hunier, le brassage des êtres, le brassage de sa symbolique mayonnaise!

Il s'est toujours insurgé contre l'idée qu'il fallait mettre entre eux les délinquants, les drogués, les chômeurs, opposer les bien portants et les mal portants, enfermer les gens dans des catégories qui sont autant de ghettos dont ils ne sortent plus, condamnés par la méfiance et la suspicion de ceux qui n'en sont pas. Alors que c'est la rencontre avec l'autre, le semblable si dissemblable, qui peut provoquer une remise en question, un désir de changement.

Michel Jaouen est né à Ouessant en 1920. En 1922, la famille s'est installée au bourg de Kerlouan dans le Finistère nord. Son père était médecin. Il a eu quatorze frères et sœurs, un beau début dans la diversité: «Quinze personnalités cohabitaient au quotidien, quinze filles et garçons de tempéraments différents. Quand on est nombreux à la maison, les relations sont très simplifiées. Les choses se font toutes seules, il y a un équilibre naturel qui s'établit dans le clan, où les petits n'ont pas du tout un rôle négligeable, car à l'occasion ils peuvent remettre les grands à leur place. On rencontre les copains-copines des frères et sœurs. Cela engendre très vite une société complète. On va pour toujours aimer vivre dans une communauté variée.»

La fratrie Jaouen jouait avec les enfants du pays, pour la plupart fils et filles de paysans, et tout le monde se retrouvait à la messe le dimanche.

Adolescent, avec ses frères et ses copains, il aimait bien traîner au port de commerce. Les quais étaient grouillants et cosmopolites. Ils observaient, écoutaient les marins qui parlaient dans toutes les langues, respiraient toutes sortes d'odeurs. « C'était le monde entier à notre porte. »

Plus tard, au moment du débarquement, en 1944, il a participé avec la Croix-Rouge à l'organisation des convois de réfugiés vers la zone sud : « C'était une belle expérience humaine, un mélange invraisemblable de classes sociales : il y avait des ouvriers, des épiciers, des pêcheurs, des paysans... La femme du notaire et la bonne étaient pour une fois à égalité. »

Cette « belle expérience humaine », due aux événements malheureux de la guerre, il veut la provoquer en toutes circonstances de la vie. Quand il crée en 1964 le foyer des Épinettes, destiné à recevoir des jeunes sortant de prison, il décide d'ouvrir la cantine aux habitants du quartier. « Les ouvriers et ouvrières des usines à proximité venaient, parce que la restauration était bonne et pas chère. Ils devaient accepter de côtoyer les jeunes délinquants, qui du coup se tenaient bien : s'ils voulaient draguer, il fallait qu'ils soient corrects ! Il y a même eu des mariages... »

La maman inquiète sur le quai le jour du départ soupire sans doute quand elle passe devant la chambre vide de son « petit », mais quand elle remplit sa machine à laver elle sourit peut-être aussi à ce qu'elle a entendu. C'était quoi déjà ? Ah oui ! : « Vous mettre sur un bateau, c'est vous mettre dans la machine à laver, on est brassé par les éléments, on est brassé les uns par rapport aux autres, et de même que le linge ressort plus ou moins blanc, on en ressort plus ou moins bien. »

Brasser, le maître mot...

«Aimez-vous les uns les autres, avec ça vous faites le tour du monde!»

J'ai dit combien de tours du monde? Vingt tours du monde. Depuis quarante ans, chaque bateau a fait l'équivalent de vingt tours du monde. En attendant le vrai, celui que Zykton rêve de faire un jour.

«Marcelle, tu fais un peu trop de bruit en te levant.»

C'est dit gentiment.

«Et vous, les jeunes, vous faites un peu trop de bruit le soir en vous couchant.»

C'est répondu tout aussi gentiment.

C'est bien beau de vouloir mettre tout un tas de gens sur un bateau de 38 mètres de long et 7 mètres de large, mais ça fait beaucoup d'habitants au mètre carré. Sur le *Bel Espoir*, trente-quatre personnes occupent une surface habitable de 320 m² (en supposant que les mécanos tapent le carton près des moteurs, même si ces derniers restent dociles). Donc, espace vital pour chacun: 10 m². Et attention! avec le paramètre d'une météo clémente qui permette d'inclure le pont, dans le genre grande terrasse avec vue sur la mer. Mais ça, c'est valable sous les tropiques, pas tellement en Écosse. Au passage du cap

Horn, c'est sûr, il faudra soustraire la surface du pont, ce qui ne laissera plus que 5 m^2 par personne.

En revanche, par grand beau temps, le standing de la demeure de charme flottante augmente considérablement. On peut ajouter les 20 m^2 en balcon du filet du bout-dehors, les 22 m^2 du solarium sur le toit du roof – attention à la bôme de grand mât qui a tendance à s'y promener –, et même les 15 m^2 de lisse sur lesquels aiment bien s'asseoir ceux qui ont l'air de chercher la ligne bleue des Vosges quand ça remue un peu trop. Ce qui nous fait jusqu'à 11,5 m^2 par personne, le luxe! La petite grotte aménageable à l'arrière appartient quant à elle au domaine privé: dans le légumier au-dessus de la cuisine, le cuisinier ou la cuisinière peut faire son nid entre les cagettes et bénéficier ainsi du privilège de la solitude.

Les cabines, plus ou moins spacieuses, sont prévues pour deux, trois ou quatre personnes. À l'embarquement, l'installation constituerait déjà une bonne raison de s'étriper s'il n'y avait pas la volonté commune d'être tous sur cette même galère.

«***Il faut être en contact***», dit Michel.

Alors, là! Le contact, il y est d'emblée, quand il s'agit de faire entrer tous les sacs dans l'habitacle: pourquoi est-ce que j'ai pris tant d'affaires? Oui, enfin, apparemment, mon concabin, c'est pas mieux; et de se contorsionner, faire ventre plat et fesses rentrées pour que les autres puissent accéder aussi à leurs bannettes. On ne se connaît pas, s'effleurer c'est bien assez. Il faut déjà faire preuve de civilité pour le choix des couchages – bannette du haut ou bannette du bas? – et la répartition des casiers de rangement. Mais c'est plutôt amusant de s'organiser dans cette chambre de poupée. Il apparaît clairement que si je veux mon petit coin, il faut que chacun ait le sien. En tout cas, la notion d'intimité devient rapidement floue et secondaire. Et on ne pense pas encore aux ronflements, on ne sait pas encore que les épidémies de toux franchiront en cascade les cloisons des cabines, on ne suppose rien encore du pire de la vie communautaire qui nous attend ! Maurice, lui, sait ! Extrait de son journal de bord : «*Supposez une demi-douzaine de stagiaires souffrant de diarrhée* (*ce qui n'est pas exceptionnel*), *supposez que les WC soient bouchés* (*fréquent*), *supposez qu'il n'y ait plus d'eau* (*c'est souvent le cas*), *supposez qu'une ou deux femmes soient indisposées et que tous ces gens aient le mal de mer, tout cela en même temps* (*cela n'a rien d'hypothétique*)*... Imaginez la scène!*»

Mais on n'en est pas là. Pour l'instant, le premier contact a été pris en bas.

Le deuxième, c'est là-haut, dans le roof. La feuille d'inscription est punaisée entre les râteliers à vaisselle.

«Il faut s'inscrire ?

– Oui !

– À quoi ?

– Aux équipes de quart et de tâches ménagères.»

N'oubliez pas, vous avez signé comme stagiaire, pas comme passager ! Vous vous êtes engagé à participer à tout. Eh oui ! L'avantage, sur ces bateaux, c'est qu'on peut se sentir un marin à part entière, la passerelle n'est pas réservée à l'équipage et les manœuvres requièrent nos bras. L'inconvénient – mais en est-ce vraiment un ? – ce sont les corvées : mettre le couvert, servir, débarrasser, faire la vaisselle, balayer et laver le roof, la coursive...

Ça ne plaît pas à tout le monde et ceux qui regimbent se réjouiront de voir la liste pendouiller lamentablement, jusqu'à disparaître au bout de quelques jours de mer. Mais, bonne ou mauvaise volonté, les habitudes auront été prises.

Prenons l'exemple de la vaisselle.

La vision tribord arrière en sortant du roof après le café est saisissante ! Bravo le cuistot ! Pas mal l'œuvre d'art contemporaine ! Cet empilement de gamelles, casseroles, poêles, plats, saladiers, aux formes, tailles, épaisseurs, matériaux, poids divers... Tous les éléments bien imbriqués les uns dans les autres, envers, endroit, à la verticale, à l'horizontale, en diagonale... Génial équilibre ! À côté, la pile d'assiettes qui fait l'accordéon, franchement, elle est minable. Et c'est encore mieux dans le détail : le liseré d'amidon sur les bords de la gamelle de riz, le clapotis du jus de rôti qui roule et tangue dans le plat à four, le poulet qui a attaché, ou la déco d'arêtes de poisson et la croûte desséchée de l'essai pâtissier du jour...

Les tenues conseillées pour faire la plonge ? Ciré ou maillot de bain, c'est selon.

Allez, on attaque ! Un qui lave, un qui rince, un qui range. Il faut être musclé pour soulever les ustensiles. Réjouissons-nous ! Maintenant il y a l'eau courante, chaude en plus, car elle vient du circuit de la machine. Il suffit de pomper pour remplir les bassines. Autrefois, il fallait tirer des seaux d'eau de mer par-dessus la lisse.

Pour constituer les équipes, les noms ont été accolés un peu au hasard, faute d'avoir eu le temps de faire connaissance, mais les personnalités ne s'accordent pas forcément. Il y aura des incompatibilités d'humeur, c'est sûr, et des divergences de méthodes. L'essentiel est de désamorcer le conflit domestique. Journal de Maurice: «*Aujourd'hui nous sommes deux à faire la vaisselle, je lave et mon coéquipier rince. Chaque fois que je lui tends une assiette, il la regarde sous toutes les coutures d'un air soupçonneux. Au bout d'un moment, il me dit qu'il pourrait me remplacer au lavage, je fais semblant de prendre cette proposition comme une faveur et le remercie vivement.*»

Et voilà Françoise qui braille que ce ne sont pas *ses* plats qu'elle est en train de laver. Elle est certaine que ce sont ceux de la veille. «Qui était de corvée hier? Je ne suis pas la bonne! Je ne fais pas le travail des autres! Ras le bol de ce bateau!»

On n'entend pas de réplique sur le même ton, mais dans son dos des murmures ironiques pas très charitables: «Laissez tomber, sur les avions, on fait pas la vaisselle.» Françoise est hôtesse de l'air.

«L'amour, ce n'est pas facile, c'est de l'effort au quotidien», dit Michel.

Le départ en mer a donné à chacun la sensation de laisser sur la grève la banalité de son quotidien, mais il y a un autre quotidien à bord. Les relations humaines se créent à travers la promiscuité de tous les instants. L'amour ne s'y écrit pas avec un grand A: Amour de la mer, Amour du voyage, Amour de l'aventure. Il s'écrit d'abord avec un petit a, avec les mille détails prosaïques de la vie ensemble.

L'amour du repos matinal – «quel délice de me glisser dans mon duvet après le quart de nuit» – peut rapidement virer à la détestation du cuistot s'il dérange mon sommeil parce que, pas de bol, les haricots sont dans le coffre sous ma bannette. Mais merde, il pouvait pas choisir son menu dans la cabine d'à côté ? Oui, d'accord, il faut bien manger et il se débrouille plutôt bien en cuisine...

Et l'amour de la douche, ce n'est pas si simple quand il n'y en a qu'une pour vingt-cinq personnes. Il est important de lui assortir l'amour de la file d'attente, l'amour des cheveux du prédécesseur au fond du bac, l'amour de la légèreté de sa bouteille de shampoing quand on la retrouve après l'avoir oubliée, toutes sortes d'amours.

« Sur un bateau, on prend conscience que les autres existent parce qu'autrement ils vont nous emmerder. Il faut y trouver de l'intérêt. Et ainsi on ne s'ennuie pas. On ne s'ennuie jamais en s'intéressant aux autres, et enfin en les aimant. » Ça, ce n'est pas un extrait d'un sermon que Michel aurait fait du haut de sa chaire un peu spéciale, la passerelle du *Bel Espoir*. Quand il y monte, c'est l'aiguille du compas qui le préoccupe : « L'amour, voilà le nord du compas. Le reste, c'est du superflu, c'est du commentaire. Ce n'est pas des mots, c'est une façon d'être, de vivre. Si nous avons dévié, si nous nous sommes laissés aller à l'égoïsme, si nous avons oublié le cap dans la tourmente des émotions, des désirs, quand nous nous en rendons compte, il faut redresser la barre. »

La façon d'être, lorsqu'on va acheter son journal préféré à l'occasion d'une escale, c'est de penser aux autres.

Sergio ne revient plus avec seulement son *France Football* sous le bras, depuis le jour où Michel lui en a rapporté un numéro en achetant son propre journal. Voilà donc l'explication de l'abondante et éclectique presse que l'on trouve à bord. De *Libé* à *La Croix*, en passant par *Gala*, *Point de Vue*, *Images du monde* ou *Paris Match*, il y en a pour tous les goûts.

«Tiens, je te donne la barre.»

La main large et brune de Jean-Paul, le commandant, cède la place à la petite main de Flora. Qu'importe si la grosse coquille de noix fait quelques embardées.

Axiome cher à Michel: «Si on aime, on donne, on ne prend pas.» L'énoncé est clair. Les démonstrations ne le sont pas toujours. Les autodidactes de l'amour tâtonnent un peu dans l'expérimentation.

Déverser sur le pont tout un tas de chaussures neuves pour en faire la distribution, l'intention était généreuse. Mais il y avait eu une petite erreur au départ. L'erreur était montée à bord en la personne du représentant de commerce qui s'était fait voler sa valise dans le coffre de sa voiture. Magnanime, il n'avait pas porté plainte, satisfait de la compensation financière payée par Michel et bien content de récupérer intacte sa marchandise, toutes ses chaussures de présentation. Au fait, elles étaient toutes du pied gauche!

Maurice a bénéficié à plusieurs reprises de «dons», comme ces paquets de cigarettes glissés discrètement dans ses mains – il ne se souciait pas de leur provenance – ou encore, cet épisode qu'il raconte dans son journal: «*Olivier est un excellent garçon. Un jour, me voyant le pantalon en loques, il m'en donne un presque neuf, qu'il a préalablement décoloré avec de l'eau de Javel. J'entends une dispute le lendemain dans le roof, André reproche à Olivier de lui avoir volé son pantalon. Celui-ci nie naturellement. "La preuve, dit-il, le pantalon que j'ai donné à Maurice était décoloré, alors que le tien ne l'était pas."»*

Il y a de la bonne volonté dans tout ça, malgré les ratés.

Ce fait divers de la délinquance, pour moitié sur la bonne voie, montre que des liens se nouent entre les générations. La classe des retraités, qui avait été affublée du sobriquet de «quartier major» pendant une transat parce qu'ils râlaient contre les jeunes squatteurs du carré, a finalement pris cette irrévérence à la rigolade. Michel constate: «Au début, les jeunes et les retraités se regardent un peu de travers: "Pourquoi ces vieux cons viennent nous emmerder?" Et puis, les jeunes se rendent compte que ces gens-là sont intéressants. Ils connaissent un tas de choses, il y a toutes les professions. Ils se disent: "Ils peuvent nous apprendre quelque chose." Et les vieux pensent: "Ils sont sympas, ils ne sont pas cons, on ne va pas les laisser comme ça." Et finalement, ils se découvrent les uns les autres.»

Et il est vrai que l'âge peut forcer le respect. À une escale en Haïti, quand Ludo avait présenté les passeports de l'équipage, le douanier s'était étonné en examinant celui de Michel: «Mais à cet âge-là, que fait-il à bord?» «C'est notre capitaine», avait répondu Ludo. Le douanier s'était alors écrié: «Mais à cet âge-là, il devrait être général!»

Les généraux ont des prérogatives, c'est bien connu.

Aussi quand ce très vieux de 58 ans a demandé s'il pourrait embarquer comme équipier à sa retraite prochaine, il s'est entendu répondre au téléphone: « C'est bien trop vieux ça ! Les équipiers ne voudront pas. » Mais lorsque le postulant s'est avéré être le routeur des traversées, le général de l'armada, plus très jeune non plus, a promis une dérogation.

Pourtant, qu'on ne s'y trompe pas, les règles de préséance liées à l'âge restent vivaces. Poulon, neveu de Michel: « À une caisse de supérette en Martinique, un petit vieux demande à Michel de passer devant lui puisqu'il n'achète que des cigarettes et qu'il a 81 ans. Réponse de Michel: "Vos deux arguments sont nuls: les cigarettes c'est mauvais pour la santé et à 81 ans vous êtes un petit jeune !" »

Quoi qu'il en soit, les générations cohabitent plutôt bien à bord. Il y a des phénomènes d'adoption, des tabous levés, des barrières brisées. Les signes sont parfois infimes. Tiens ! Marcelle se met à lire des BD depuis que Jojo lui en a mis une dans les mains.

Michel ne distribue pas de mode d'emploi de l'amour. Mais je crois qu'il en a un qu'il applique naturellement:

– Faire plaisir. Je me souviens de notre escale à Sainte-Lucie. J'avais parlé de rapporter un brasero en France. Une heure plus tard, il en déposait un pour moi sur le pont.

Être disponible. On ne le dérange jamais. On peut faire appel à lui, même pour une bagatelle, parce qu'au fond, ce n'en est peut-être pas une. Tout chagrin mérite d'être considéré, qu'il soit petit ou grand.

– Être attentif. Grand Yves avait été très ému qu'il n'ait pas oublié la date de son mariage: Michel l'avait appelé depuis les Antilles.

– Sans être soucieux, se soucier de ses proches: *Le Loup* fait une traversée entre L'Aber et Kerlouan: il téléphone pour savoir si les navigateurs sont bien arrivés.

– Suivre, autant que possible, l'enseignement de l'Évangile selon Jean: «Demandez et vous recevrez.» René P. dit de lui: «Il sait susciter les bonnes volontés en n'hésitant pas à demander de l'aide. Parce que, pour lui, l'entraide est tellement naturelle et évidente, sans questionnements et scrupules déplacés, qu'il transmet aux autres cette évidence et les aide à franchir les difficultés. Il les amène à réaliser des prouesses par sa confiance, sa foi et son optimisme.» C'est exactement ce qui s'était passé pour un compagnon de traversée de Maurice: *«Thierry reprend du poil de la bête, il a compris qu'on peut obtenir ce qu'on veut, le morceau de pain, la carafe d'eau ou le fromage, pendant le repas, sans avoir à se déplacer. Il lui suffit de se manifester, on lui fera passer ce qu'il demande, de main en main.»* Ça peut paraître dérisoire d'arriver à demander le sel à table, mais pour certains ce n'est pas si facile.

Il fait du bien, le petit coup de pouce de Michel, quand il fait du stop à une station-service pour un de ses protégés qui n'en mène pas large. Il le fourgue plein de cambouis dans une belle bagnole. Il n'a pas douté une seule minute de sa réussite. Je me demande s'il n'a pas aussi pris un certain plaisir à forcer la main du conducteur.

– Tout bêtement, dispenser du bien-être. «Ce que je veux, c'est que les gens soient bien là où ils sont. À partir du moment où ils ont envie de rester, ils font les efforts qu'on leur demande. S'ils sont mal, ils foutront le camp.» D'où l'importance des repas. Le premier don est la nourriture. «Pas de rationnement, ils dévorent à longueur de journée s'ils en ont envie. Il y a continuellement sur la table du beurre, de la confiture. Ils ont tellement besoin de récupérer.»

Quand on embarque pour un tour du monde, il faut être bon matelot. Traditionnellement, dans la marine à voile, le bon matelot est celui qui sait faire des épissures. Il sait opérer la jonction entre deux extrémités de cordage en les entrelaçant l'une dans l'autre, et la solidité du bout ainsi obtenu est à toute épreuve. Les 38es auront beau rugir, le bout tiendra bon. C'est ce qu'on apprend sur le *Bel Espoir*. À faire des épissures.

«Nous sommes tous reliés les uns aux autres», dit Michel.

Comment aurait fait René s'il avait été tout seul quand il a fallu, avec cinq moteurs, en reconstituer deux pour le *Rara Avis*? «Michel, on ne va pas faire ça sur le sable!» Un père était là, venu discuter avec Michel de son fils qui avait des problèmes: «Je suis un industriel, j'ai de grands bâtiments à Montargis, si vous voulez je mets à votre disposition un local chauffé et le matériel dont vous avez besoin.» «Mais comment on va transporter les moteurs là-bas?» Un producteur maraîcher a proposé ses camions. «Et les revues techniques en anglais? On n'a personne pour les traduire!» La femme de l'industriel était interprète à l'ONU...

Ou encore cette rixe entre deux stagiaires pendant une navigation: les détails du combat sont oubliés, mais il a dû être violent pour que l'un passe par-dessus bord. Et l'autre avait beau s'époumoner et hurler: «Un homme à la mer!», personne ne réagissait. Tout le monde a pensé «Délire d'alcoolique!» Alors, il a sauté à l'eau à son tour.

Combien de fois la solidarité se sera-t-elle exprimée sous forme de billets tirés des poches, afin d'extraire de la prison locale le compagnon de voyage pour qu'il puisse continuer?

Parfois, certains sont reliés à leur insu. On ne leur demande pas leur avis. Ce patron de l'usine de métallurgie du Havre s'est-il jamais douté qu'il faisait partie du grand réseau d'entraide à l'association du père Jaouen? Et que l'échelle pour monter dans le roof du *Rara*, s'il l'a gravie un jour, est le fruit de ses bienfaits? C'est que son chef d'atelier faisait juste un peu de travail «en perruque»...

L'amour, tout part de là: «***Si tant d'êtres humains sont dans un piètre état, c'est parce qu'ils ne se sentent pas assez aimés.***»

Ce soir-là, à Horta... Les stagiaires des deux bateaux étaient réunis sous le taud du *Rara*. La nuit était douce. Un peu de pluie parfois.

Dadou, Perrine et Alfred avaient sorti leurs instruments.

Petite Sœur Soleil qui n'était plus là, il y avait de l'amour ce soir-là quand Dadou a chanté la chanson composée pour toi.

Solenn berçait dans ses bras Morgane, ta grande sœur.

Nous avons rapproché nos épaules de celles de Catherine et Bernard.

Il y avait des larmes dans les yeux, mais les voix ne tremblaient pas pour leur dire que tous les trois, ils n'étaient pas seuls.

De l'amour, tout simplement.

«Je fais du patronage»

«Tu prends 100 mètres de fil de Nylon en 150 centièmes. Au bout, tu accroches un émerillon et après tu ajoutes 5 mètres en 100 centièmes. Tu accroches ton hameçon double, tu mets un morceau de chiffon rouge et tu jettes à l'eau...»

Vincent fixe sa ligne de pêche au bas d'un hauban d'artimon.

Charlie s'est planté à côté de lui. La dorade de midi était rudement bonne, il a «kiffé grave la bouffe». Maintenant, il est très intrigué par le dispositif. Évidemment, en se dirigeant vers l'arrière, il a bousculé ceux qui étaient assis sur les coffres le long du roof et tendaient leurs jambes sur la lisse. Ses allures punk, ses tatouages et ses *piercings*, ses sautes d'humeur et ses réactions violentes terrorisent tout le monde. Il est en préventive. Il a déjà fait de la prison. Il s'en vante.

Mais là, le tacticien du vol à la tire est fasciné par le stratège de la pêche à la traîne. Il demande la signification des «centièmes». C'est le diamètre du fil. Qu'est-ce que c'est un «émerillon»? Un petit truc en laiton pour éviter que le fil s'embrouille. Pourquoi un morceau de chiffon rouge? Il faut bien attirer le poisson! Et tout le matériel est dans le deuxième coffre bâbord, si tu veux... Et pour le chiffon rouge? Oh... un petit bout du pavillon français! Il est déjà déchiré d'ailleurs.

Charlie aura une patience de pêcheur professionnel pendant tout le reste de la traversée. Et un jour, il confiera sa peine à Vincent, avec des sanglots, parce que la garde de sa fille de 6 ans lui a été retirée.

Tandis qu'à l'arrière les poissons n'ont qu'à bien se tenir, sur le pont avant, Xavier a ouvert un atelier épissures et apprend à Jean-Claude et Mireille à défaire les torons de deux bouts pour les raccorder l'un à l'autre. Il leur montre aussi comment fabriquer les toulines, ces petites balles en cordage lancées sur le quai pour y amener les aussières quand on accoste.

« Pour la cloche, Barbara, tu devrais utiliser un mélange d'eau et de vinaigre que tu chauffes dans une casserole. Ça pue, mais c'est efficace. » Ainsi parle Sergio, le bosco. Il n'y a pas que la cloche que l'atmosphère chargée d'humidité et de sel noircit. Il y a aussi la plaque d'identité du *Bel Espoir* sur le grand mât et toutes les autres, derrière chacun des taquets, qui indiquent à quels bouts ils correspondent. Et le tour des hublots. Ça en fait des cuivres à frotter! Excellent pour les muscles des bras! Géraldine et Dominique s'y mettent aussi, et même Jeannette depuis son fauteuil roulant.

Dans le roof, François dispense un cours de médecine. La vocation des apprentis secouristes est née la veille, quand Charlène s'est pris le doigt dans les pales du ventilateur de la machine. Pas sûr que le cycle universitaire soit bouclé. Un de ses prédécesseurs avait été interdit d'enseignement et menacé d'être jeté aux requins s'il s'obstinait: le matin, il y avait eu cours de points de suture et l'après-midi, un équipier en plongée avait eu le dos de la main arraché par l'hélice du Zodiac. L'appendicite était au programme des jours suivants...

Entre deux paragraphes de son journal, Maurice félicite chaleureusement Anne qui lui explique qu'à 60 ans, elle a besoin de beaucoup d'amants. Anne est tondeuse de moutons en Corse, où elle voudrait faire des gîtes. «Au fait Anne, une tondeuse de moutons, ça peut tondre les hommes aussi, non? Un salon de coiffure en plein air, ça ne te dirait pas?» L'idée, lancée à la cantonade, séduit quelques porteurs de tignasses hirsutes et collantes. Reste à trouver une paire de ciseaux. Flora en a une et descend la chercher dans sa cabine. Elle consent à sortir de la bulle amoureuse qu'elle forme avec Jean-Marc, son jeune mari, semblant réaliser soudain qu'ils ne sont pas seuls au monde. La clientèle dissipée se presse. Mais il est hors de question de couper la grande natte de Marcelle, Raymond y tient trop, et dommage que Richard ne veuille pas se séparer de ses longues mèches derrière lesquelles il se cache. En tout cas, Maurice a gagné quelques pages d'écriture tranquille.

À la passerelle, on épie le *Rara*, à quelques milles par le travers tribord. Il se rapproche insensiblement, voiles blanches et panache gris.

Échange d'œillades de vieux briscards rompus à la guerre de course: «Et si on leur foutait une pilée?» L'équipage est rameuté, la VHF mise en batterie. Premier coup de semonce.

BE: Eh! les gars, c'est quoi cette fumée derrière vous?

Rara: Ce n'est que le groupe, on est en train de remplir la piscine.

Très bien, ça marche, l'adversaire est piqué au vif, on peut intensifier les tirs.

BE: On n'est plus en hiver, il serait temps d'envoyer les voiles d'étai!

Rara: On n'a pas que ça à faire, on est en train de sortir un thon de 15 kilos!

Mais du *BE*, on voit les voiles d'étai grimper au-dessus de l'artimon et du grand mât du *Rara*, et le bateau faire des embardées pendant la manœuvre plein vent arrière.

BE: Dites à votre barreur d'arrêter le Nutella!

Rara: Et chez vous, ça roule?

Rara hisse le deuxième yankee.

Rara: Votre fortune, elle est où?

BE: Déchirée, sommes en train de recoudre. Ça nous permet de vous attendre!

Rara: Ah! Ah! vous faites contre mauvaise fortune bon cœur!

BE: Ouais, c'est ça...

Max se penche à la porte de la passerelle: «Allez, on envoie tout! Les flèches! Le vieux hunier à la place de la fortune, le foc qui traîne sur le toit du roof! Réglez au plus fin!»

Branle-bas sur le pont, tension à la passerelle où les yeux sont rivés sur le GPS: «On a gagné 0,1 nœud! Merde, on les a perdus! 0,2 nœud!»

Pendant cette magnifique bataille, les deux bateaux ont convergé l'un vers l'autre. Ils sont maintenant à portée de voix. Quelques invectives avant l'assaut final:

Du pont du *BE*: «Vous n'auriez pas du riz et des fruits en rab?» De celui de *Rara*: «On a cramé le moteur de l'osmoseur, vous n'en auriez pas un autre?» Une annexe est mise à l'eau pour les tractations de reddition. Une fois les butins échangés, sous les gesticulations amicales, chacun reprend sa route, celle qui convient le mieux à son allure.

Ainsi va le «patronage» du père Jaouen. Il a choisi un cadre agréable et il fait œuvre de bienfaisance en réunissant quelques ouailles. Il les emmène en excursion sur un bateau, il leur propose des activités éducatives, ludiques et sportives...

Fallait-il être jésuite pour ça?

«Je suis un jésuite terre à terre.»

C'est original, un jésuite terre à terre sur mer.

D'ailleurs, il a aussi été un jésuite à cheval. À la fin de la Seconde Guerre mondiale, jeune séminariste, il a fait une brève incursion dans la Légion comme spahi, au Maroc. Michel a l'air de prétendre que le choix de son noviciat s'est fait presque en dehors de lui: «Je me trouvais déjà dans leur collège. Je me suis fait tout simplement cueillir sur place. Je me suis fait prendre comme un crabe dans un casier.» Mais quand il précise:

«La mentalité jésuite pousse à l'action, le jésuite a le monde pour paroisse, il est partout chez lui... surtout si ça ne plaît pas à tout le monde», on se dit que cela correspondait peut-être à ses aspirations personnelles, mais aussi à son esprit frondeur et anticonformiste. Et puis, la Compagnie de Jésus a toujours été liée à la mer, l'ordre ayant fondé les premiers établissements de formation maritime.

C'est quoi, Michel, la différence entre les jésuites et les autres prêtres?

«On vend le même produit, mais pas dans le même supermarché.»

Et le Vatican, tu y vas quelquefois?

«Qu'est-ce que j'irais y faire? Il y a bien assez de monde là-bas!»

Au journaliste qui lui demande s'il a reçu un appel, Michel répond: «Ah! non! je n'ai rien reçu, ni en recommandé, ni avec accusé de réception! Non, ça ne m'est pas tombé du ciel, je n'ai pas eu d'apparition et heureusement, car j'aurais eu peur, ça m'aurait angoissé, j'aurais foutu le camp en vitesse. Cette envie de rendre service à mon prochain ne m'est pas tombée dessus comme une révélation brutale venant en direct du Tout-Puissant. Je n'ai pas rencontré Jésus Christ au coin de la rue de Siam qui m'a dit: "Viens, suis-moi."»

Oui, mais la foi? Comment l'a-t-il découverte? Un peu goguenard, il répond: «Oh là là! je la cherche toujours! Il faut reconnaître que si j'étais né en Afrique du Nord, je serais sans doute musulman. Je suis né en

Bretagne. Élevé dans un milieu catholique pratiquant, j'y étais comme un poisson dans l'eau.

« Je n'ai pas un tempérament mystique. Mon esprit logique se défie même du mysticisme. Pourquoi partir dans des élucubrations invraisemblables au risque de perdre le contact avec la réalité ? Vivre, c'est déjà extraordinaire ! Ces filles et ces garçons mal dans leur peau, il ne faut pas qu'ils traînent leur existence comme un fardeau, ils doivent en profiter, l'aimer, ne pas gâcher un tel cadeau, un tel trésor. C'est bien cela qui m'aura appelé, motivé sans cesse. C'est pour cette raison que j'ai constamment secoué les mômes rencontrés sur ma route, essayant de leur insuffler une authentique envie de vivre. »

« J'avais juste envie d'être utile. Et j'ai rencontré des gens qui faisaient un boulot qui m'intéressait. »

Et ce boulot intéressant, c'était : « L'Évangile en tant que programme. »

Ses premières expériences dans le métier, il les a connues à 19 ans, au cours de son année de terminale. Il faisait partie des Conférences de Saint-Vincent-de-Paul à Brest, qui s'occupaient des déshérités des quartiers populaires.

Mais il reconnaît : « Si je n'étais pas jésuite ou curé, je ne serais certainement pas là. Parce que je ne ferais pas ça pour le plaisir ou pour l'argent. Par conséquent, il faut une bonne raison de le faire. »

Dominique monte à la passerelle. Timidement, elle entreprend Michel : « Mon père, vous savez, je vous appelle mon père... c'est à cause de mon éducation, mais... il faut que je vous dise... enfin, je ne voudrais pas vous choquer, mais... voilà... je ne crois pas en Dieu.»

Michel fait la moue, imperturbable, l'œil rivé au GPS.

«Bof... je m'en fous moi... mais vous dites "je ne crois pas en Dieu", c'est quoi Dieu?

– Ben... je sais pas moi... Dieu quoi...

– Ah voilà! Vous dites "je ne crois pas en Dieu", sans savoir ce qu'est Dieu! Bon. Vous savez ce que c'est que l'amour?

– Heu... oui, je crois...

– Vous avez des enfants, vous savez ce que c'est que l'amour, vous croyez en l'amour!

– Oui, oui.

– ***Eh bien moi, je vous dis que Dieu est amour, alors si vous croyez en l'amour vous croyez en Dieu, c'est pas plus compliqué!***»

Père Jaouen, c'est dimanche, vous n'allez pas dire la messe?

Le père Jaouen ne semble pas dire non, mais il y a un ennui, il a perdu son bouquin...

«La messe, je ne la dirais certainement pas sur les bateaux. On s'arrange, quand on est quelque part, pour y aller avec ceux qui veulent, mais dans la paroisse où on se trouve. Ne pas faire sa petite chapelle à bord! J'aurais du monde, parce que ce serait folklo... Il vaut beaucoup mieux se joindre à une communauté. Car la messe suppose que la communauté existe. Il faut d'abord la créer.»

Et qui n'a pas vu Michel descendre la travée d'une église: «Viens, il y a sûrement de la place devant», son trousseau de clefs sonnant dans la main et la salopette luisante de graisse de mouton? Il est en retard, parce qu'il concoctait le menu du dimanche: gigot flageolets. C'est le sermon: «Tiens, on arrive juste au moment intéressant.» Mais si ce n'est pas intéressant, il va secouer la tête, lutter contre le sommeil et finalement s'endormir sur son banc.

Mounie raconte que pendant des années les gens lui ont cassé les pieds: «Mais pourquoi ne dit-il pas la messe puisqu'il est prêtre?» Invariablement elle leur répondait: «Venez manger avec nous, et essayez de voir ce qui se passe à l'heure du déjeuner ou du dîner.»

La communion est là, dans ces grandes tablées quotidiennes où le sacré s'exprime dans des rites prosaïques: le respect des heures de repas, le service dans des plats plutôt que dans les casseroles, l'honneur fait à la nourriture. Quand on ne navigue pas, sur les bateaux à quai, au bureau à Paris, aux baraques, on fait table ouverte. La question du nombre n'est jamais posée. Il y a toujours à manger pour tous ceux qui sont là au moment où la cloche sonne.

Pas de solennité sacramentelle, mais une simplicité conviviale. L'assemblée n'aura pas de sermon. Il suffit qu'elle existe dans le quotidien le plus banal, car la foi est exemplaire quand elle puise sa source dans les actions les plus ordinaires.

Michel ne préside pas. Il s'assied à un bout de table. En cet infime instant où il ne parle pas, dans une prière muette, bénit-il le repas?

«Ce n'est pas moi qui ferai le miracle»

Quand elle était petite, Aurélie accompagnait ses parents sur le bateau. Ils discutaient à la passerelle avec Michel, tandis qu'elle tenait la barre, juchée toute fière sur un tabouret. Michel avait ses lunettes posées sur son crâne. Au cours de la conversation, s'il baissait la tête et la redressait vivement, les lunettes glissaient et se calaient parfaitement sur son nez. «Mais comment il fait ce truc-là?» se demandait Aurélie. Elle était persuadée qu'il était magicien.

«Est-ce que vous faites des miracles?» demande-t-on parfois à Michel. Réponse catégorique: «Ah non! je ne fais pas de miracles!»

L'interlocuteur a quand même un peu envie d'insister: un prêtre, ça doit bien pouvoir faire des miracles. L'explication est claire et nette: «Tout ce que je peux faire, c'est mettre les gens ensemble.»

«Cap au 85», à la base *Bel Espoir*. Le 8 octobre 2005, une gigantesque fête de famille réunissait les anciens et les nouveaux de l'AJD pour fêter l'anniversaire de Michel. Sur le terrain, des édifices de toile avaient été dressés: grande tente de kermesse, tipis indiens, yourtes, barnum... Les effluves sucrés des crêpes se mêlaient au fumet des méchouis. Le murmure de la mer s'était tu. Les voix humaines se croisaient et s'interpellaient. On se cherchait dans le noir, on se retrouvait autour du buffet. Ripaille et rires. Les enfants jouaient en trébuchant sur la dune inégale. Les marins se racontaient leurs aventures. Petits et grands avaient la même démarche chaloupée.

Michel s'était éclipsé à Paris pendant les préparatifs. Et ce soir-là, par la conjugaison des efforts de tous, on a réussi une belle manœuvre: le mettre devant son gâteau pour qu'il souffle les bougies. «C'est mes chères secrétaires qui ont monté tout ce cirque. Elles ont raison, ça fait se rencontrer les gens.»

C'est agaçant cette porte du roof qui bat sans arrêt. Xavier et Charlène imaginent un système de cordelette avec un contrepoids pour qu'elle se referme automatiquement. Edmond passe par là. Il observe l'astuce, mais aussi la mine déconfite des deux bricoleurs, car dans le roulis, le contrepoids heurte la cloison et fait du bruit. Rien de plus facile! Deux kilos de sable dans une chaussette et votre contrepoids ne fera plus de bruit. Évidemment, du sable, pour l'instant on n'en a pas, la plage n'est pas encore en vue. Mais en attendant, on n'a qu'à emprunter deux kilos de riz au cuistot.

Voilà une bonne recette pour satisfaire le confort de tous: allier le bon sens marin au bon sens terrien! Dans sa ferme de la Vienne, Edmond avait peut-être des portes de grange qui claquaient. Et si la jeune navigatrice effrontée avait pensé n'avoir aucun point commun avec le discret agriculteur retraité, elle découvre, outre l'ingéniosité d'Edmond, son ascendance maritime. Le père d'Edmond faisait la pêche en Islande, à la voile.

Le *Bel Espoir*, livre de recettes géant, flotte sur l'océan. Le vent en tourne les pages. Pas de magicien ni de thaumaturge entre ses lignes. Michel est cuisinier. Les coups de tangage et de roulis font se heurter les ingrédients, leurs dates de fabrication sont plus ou moins avancées, leurs goûts plus ou moins pimentés. Il les mélange et la mayonnaise prend.

Comme celle qu'il est en train de faire vigoureusement à la cuisine: «Avec une mayonnaise, tu fais tout passer.»

Et la délicieuse soupe du soir, qui imaginerait qu'on n'y a mis que des restes? Tout ce qui n'était plus guère présentable et encombrait la cuisine, et qu'on aurait pu jeter sans état d'âme aux poissons, mais qu'on a gardé. «Le plus triste dans la société actuelle, c'est cette tendance à mettre des gens à la poubelle. Allez! Débarrassons-nous de cette lie de taulards, de zonards, de camés, on ne veut plus les avoir sous les yeux!»

Et si la société apprenait à digérer ses marginaux? Et si, au lieu de les isoler, elle les faisait se rencontrer et rencontrer ceux qui ne le sont pas? L'art culinaire réside bien dans la confrontation des saveurs, l'une relevant l'autre et réciproquement... «La thérapeutique, c'est de mettre les toxicos en présence de jeunes de leur âge qui sont en congé ou au chômage, avec des gens plus âgés. Ce qui est malsain, c'est de les laisser entre eux. Il faut qu'ils soient minoritaires à bord, que ce ne soit pas eux qui donnent la note, qu'ils ne fassent pas un groupe entre eux, et qu'ils se laissent influencer par les autres.»

«Vous faites la cuisine père Jaouen?

– Faire la cuisine! Vous faites pas la cuisine chez vous?»

Qu'on imagine! Ce n'est pas rien de nourrir trente-cinq personnes au quotidien. Il y a un cuisinier désigné, mais celui-ci a parfois besoin d'être relayé. Encore que... Sa charge lui donnant un statut particulier, on n'ose pas tout de suite faire intrusion dans son domaine, sauf si on s'appelle Michel. À l'heure dite (13 ou 20 heures), on est impressionné de voir surgir, depuis son habitacle étroit et mouvant, des rôtis qui n'ont pas perdu tout leur jus, des pâtes qui ont réussi à cuire dans leur eau, des gâteaux plus ou moins en pente selon la gîte... Il faut une souplesse de contorsionniste pour attraper l'épice sur l'étagère derrière, tout en retenant la gamelle sur le feu, et une certaine dextérité dans le maniement du coutelas quand l'échalote roule sous les doigts.

«Non, non, pas par là!» Pierre a rugi. Penaud, le néophyte bat en retraite. Il a failli ouvrir la porte bâbord de la cuisine, alors que la tribord était ouverte. Mais comment pouvait-il deviner que les portes sont en étroite corrélation avec le thermostat du four? Le lion s'adoucit sous sa crinière qu'il secouait au rythme du reggae. Il explique à Bernard:

« Pour régler le four, trois positions :

– petite température, tu laisses les portes de la cuisine ouvertes ;

– moyenne température, tu fermes la porte au vent ;

– température maximum, tu fermes les deux portes, tu atteins alors les 200 degrés. »

Bernard est médusé. Il a envie d'en savoir un peu plus sur les attributions du cuistot. C'est toi qui décides des menus ? Tu gères les stocks ? Et pour leur répartition dans le bateau ? Et comment tu t'y retrouves ? Bernard n'avait pas bien réfléchi à tout ça jusqu'à présent, il mangeait ce qu'il avait dans son assiette. Il avait juste remarqué l'abondance des produits livrés avant le départ mais n'avait pas participé au rangement.

Pierre a mis sa musique en sourdine. Il raconte l'avitaillement, décrit l'effervescence des derniers préparatifs, les allées et venues entre le port de l'Aber et la base où se trouvent le container frigorifique, les grandes surfaces, les maraîchers locaux, le boulanger de Lannilis. Et aussi les producteurs qui arrivent sur le quai avec leurs camionnettes pleines de marchandises offertes.

Il suffit de suivre le plan établi depuis belle lurette pour que chaque denrée trouve sa place à bord : les surgelés dans les deux congélateurs de la coursive, les fruits et légumes sur le toit de la cuisine (sauf les pommes de terre et les carottes qui partagent, avec les chaînes, le pic avant), les boîtes de conserve, les paquets de riz, pâtes, chocolat, café... disséminés dans les coffres des cabines et du roof. « Tiens, d'ailleurs, tu n'irais pas me chercher des spaghettis dans la T4 ? »

Bernard s'est empressé.

Pierre continue: il a le libre choix de la variété de ses menus, il a reçu quelques consignes et il s'attache à ce qu'il y ait chaque jour une salade, un plat de légumes et un fruit; il veille à utiliser d'abord le périssable.

Et puis, il ne faut pas croire! Toutes les bonnes volontés sont les bienvenues pour les corvées d'épluchage et les nouvelles recettes.

Bernard s'enhardit: «Je sais faire le pain.» Ça tombe bien, il n'y en a presque plus! Demain les stagiaires se réveilleront aux bonnes odeurs du fournil. «Et j'aime beaucoup le reggae, j'ai eu un groupe de musique, avant.» Avant? Avant que sa femme ne lui dise: «Fous l'camp, salaud, j'vais t'écraser la tête!»

Michel dit que la cuisine est un lieu stratégique: «On y voit défiler un peu tout le monde, ceux qui ont un petit creux et ceux qui attendent un conseil sans le savoir eux-mêmes. Ils y passent comme par hasard et l'échange se fait naturellement. Le cadre familier et vivant dédramatise les choses. Et puis, les confidences recueillies entre dix bottes de carottes et cinq kilos de poisson sont certainement plus spontanées.»

Charles est accoudé sur la lisse près du bout-dehors, il a l'air de tromper son ennui. Au son de la cloche, il se redresse vivement. Ouh là là! il ne va pas se mettre à claquer des talons au son du clairon? Avec raideur, il se dirige vers le roof et s'attable, il cache mal son exaspération. Pagaille et tumulte sont inadmissibles au mess! Les convives affamés ne se disputent guère la place à côté de lui. Dernier arrivé, Marc n'a pas le choix.

Pourtant… Vers la fin du repas, leurs voisins rassasiés se demandent par quel prodige est né l'échange passionné et surréaliste entre le jeune toxico et l'officier retraité de l'aéronavale. Échange d'une haute technicité : le premier explique la culture du cannabis et le second les manœuvres d'appontement sur un porte-avions.

« Il faut les mettre en relation, ceux qui sont bien dans leur peau, ceux qui sont mal. Ce n'est pas moi qui fais la guérison. S'ils sont gentils entre eux, s'ils parlent entre eux, ces garçons et ces filles, les mettre ensemble pour qu'ils se découvrent, c'est ça la thérapie. »

«J'avais les clefs, ça change tout!»

Même s'il prétend le contraire, ce n'est sûrement pas le hasard qui a conduit Michel à créer un foyer pour les jeunes sortant de prison, afin qu'ils réapprennent la liberté. Pas un hasard non plus si la suite logique pour lui a été de pousser encore plus loin cette notion de liberté en les emmenant sur un bateau. Car la prison, il connaît bien! Il dit qu'il y a passé treize ans, mais qu'il était du côté où on peut ouvrir les portes.

En 1945, il poursuit ses études théologiques à Lyon et fait la connaissance du père Gounon. Celui-ci s'occupe, en maisons de rééducation, d'enfants «difficiles» dont la guerre a fait des orphelins ou des petits délinquants. Pour les sortir du milieu citadin, ils achètent un camion au Domaine et, comme plaque d'immatriculation, lui apposent les trois lettres A J D. C'est ainsi qu'est née «l'Aumônerie de la jeunesse délinquante». L'association AJD, «Aide à la jeunesse délinquante», ne sera officialisée qu'en 1951. Elle deviendra l'association des «Amis du jeudi-dimanche» grâce à la réponse poétique d'un gamin questionné sur la signification des trois lettres. Réponse opportune, puisque ce sont les jeudis et les dimanches qu'avec ses copains ils sont pris en charge par Michel et les étudiants cofondateurs de l'association.

Parallèlement, l'été, ils organisent des camps au bord de la mer en Bretagne.

Il arrive que certains de ces jeunes se retrouvent à la prison Saint-Paul de Lyon après quelques mauvais coups. Michel leur rend visite. Il arrive aussi qu'ils soient transférés à la prison de Fresnes à Paris. Michel ne les abandonne pas et continue de leur rendre visite.

À Fresnes, il sympathise avec les animateurs et, comme il n'y a pas d'aumônerie pour les mineurs, il en crée une de fait. Il n'a jamais attendu le feu vert de l'administration, beaucoup trop lente et frileuse à son goût, pour faire ce que sa conscience lui dictait. C'est ainsi que, peu après son ordination, il quitte les rues de Lyon pour la prison de Paris.

Il s'insurge d'emblée contre l'univers carcéral. Comment pourrait-il en être autrement ? Il a passé sa jeunesse sur les côtes bretonnes et a eu chaque jour devant les yeux l'immensité de l'océan. Le goût de l'espace est ancré en lui et il n'imagine pas que celui-ci puisse se rétrécir aux dimensions d'une cellule.

Au collège Bon-Secours de Brest, il avait entendu les récits de voyages des missionnaires jésuites qui venaient faire des conférences aux élèves. En entrant au noviciat en 1939, après son bac, il avait désiré lui aussi partir pour découvrir le monde. Son projet d'aller en Chine était tombé à l'eau à cause de la guerre.

Rien d'étonnant donc à ce qu'il ne conçoive pas qu'on puisse s'épanouir derrière des barreaux et qu'il ait au contraire la conviction que les grilles, si elles rassurent les gens de l'extérieur, sont une condamnation à perpétuité pour celui qui est à l'intérieur. Il pense à son père, médecin au Chemin des Dames pendant la guerre de 1914: «Il disait que ce qui était épouvantable, c'était de voir partir tous ces gars en bonne santé qu'il allait devoir rafistoler une demi-heure plus tard. C'était absurde!» Et à ceux qui ne savent que faire des jeunes sortant de prison et qui l'encouragent à les réinsérer, il répond: «Pourquoi avez-vous arrêté leurs vies? Il ne fallait pas leur casser les bras! Maintenant vous voulez que je les répare!»

Prison poubelle, dans laquelle la société jette ceux que les mouvements de l'histoire ont laissés de côté. Prison surpeuplée, où le coupable de petite délinquance est à l'école de la grande. Prison impitoyable, qui imprime au fer rouge la marque indélébile de «taulard».

Michel pense que seuls les grands criminels qui représentent un réel danger devraient être enfermés. Pour les autres, des voies d'amendement sont à inventer. La sienne sera maritime.

Recueillant les confidences des prisonniers, il a mesuré leur détresse. Elle remonte à bien plus loin que les actes qui les ont conduits là. «Comment notre époque moderne peut-elle encore se satisfaire d'un système de sanctions archaïques? C'est au Moyen Âge qu'on mettait les gens en cage!» Il n'a jamais rencontré d'êtres exceptionnels en prison: «Les Mesrine sont rares, la plupart sont de pauvres bougres qui ont besoin qu'on les écoute, qu'on leur redonne de l'espérance et pas qu'on les laisse croupir dans un placard.» Mis au courant de projets d'évasion, il se gardait bien de pousser les hauts cris, incitait à la prudence, essayait de temporiser et désamorçait ainsi les plans.

Mais au fond, il comprenait tellement qu'ils veuillent s'évader! «Quand j'étais en prison, j'étais toujours du bord des évadés, parce que je trouve qu'ils avaient tout à fait raison de vouloir foutre le camp. Et si vous êtes prisonnier à Paris d'une vie stupide, si vous êtes malheureux, eh bien, évadez-vous!»

«Alors, vous êtes un organisateur de fugues?» lui demande un journaliste. Michel réplique que partir n'est pas fuir, car on emporte ses problèmes avec soi. Mais ce n'est pas hors du monde que l'on peut les résoudre, c'est dans la rencontre de la diversité humaine.

Et pourtant, le bateau n'est-il pas une sorte de prison flottante? Une fois qu'on est en mer, on ne peut plus en sortir. L'espace vital est restreint, la promiscuité obligatoire...

La comparaison s'arrête là. «Quand un bateau appareille, ses passagers sont déjà en route, ils n'ont pas le sentiment d'être enfermés mais d'être en chemin. Puisqu'il y a un départ, il y aura une arrivée. Le bateau représente l'inverse d'une prison où quatre murs vous encerclent: il y a tout autour l'immensité de la mer et du ciel.»

Michel reconnaît néanmoins que l'impossibilité de quitter le bord permet de «tenir» les jeunes difficiles. Quand il était à Lyon, il les emmenait dans les Alpes. Un animateur de l'époque confie que l'hiver les jeunes faisaient peu de ski, fumaient beaucoup et jouaient surtout au tarot dans le bus équipé d'un poêle.

«J'ai eu l'occasion de faire de la montagne, le problème était de les faire suivre, dit Michel. ***Ils pouvaient s'arrêter au bord de la route. En mer, ils ne peuvent pas.»***

Que se passe-t-il? Marc a jailli de la descente avant, sa valise à la main, il traverse le pont à toute vitesse, grimpe sur la lisse. Chacun retient son souffle au spectacle du funambule qui oscille, une main encore accrochée aux haubans: «Moi, je débarque! Je vous emmerde tous! Vous n'êtes que des connards!» Réponse de Michel: «Écoute mon gars, désolé, mais à l'heure actuelle on ne voit pas le quai, quand on le verra, on te fera signe!» Comme dégrisé, Marc saute sur le pont, redescend dans sa cabine…

Il y a eu des passages à l'acte, de vrais sauts à la mer.

Alexandre voulait des médicaments que le médecin refusait de lui donner, soutenu par le chef de quart: «Ah bon, c'est comme ça? Vous voulez m'emmerder! Eh bien, c'est moi qui vous emmerde!» Et il a sauté en pleine nuit. Michel était à bord, il a raconté: «Heureusement, le chef de quart était compétent. Il a balancé une bouée couronne munie d'un phoscar, ensuite nous avons fait demi-tour. Au moment où il s'est jeté à l'eau nous voguions vent arrière dans l'alizé qui nous portait. Il a fallu démarrer le moteur au plus vite. Pour ça, pas de problème, un tour de clé et c'est parti, comme une voiture. Mais il fallait border les voiles à toute vitesse, puisque nous n'avions pas le temps de les descendre. Tout le monde s'est réveillé et a mis la main à la pâte… Nous avons fait route au vent du naufragé, avec tout le gréement et la toile qui claquaient à contre. Ça esquinte tout, mais nous n'avions pas le choix. Nous avons amené les voiles au fur et à mesure que nous nous rapprochions. Une bonne demi-heure s'était écoulée... Quand nous nous sommes retrouvés tout près de lui, dans sa bouée, contre la coque, je lui ai crié : “Tu es parti de ton plein gré, peut-être que tu as envie de rester là...” Il gueulait : “Bande de salauds ! Dépêchez-vous, vous vous foutez de moi !” L'eau était tiède, j'insistais lourdement : “On ne se moque pas de toi mon vieux, tu as décidé ? Tu rentres ou tu rentres pas ?” Ce n'était pas un gamin désagréable, assez drôle même, j'ai discuté avec lui après ça. Il disait qu'il avait remonté ses pieds dans la bouée, persuadé qu'il y avait des requins : “Je sentais les requins en train de les lécher.” “Heureusement qu'ils n'étaient pas là, autrement tu ne les sentirais plus tes pieds !” Pourtant il n'en démordait pas : “Je suis sûr qu'ils étaient là tout autour de moi, il y en avait plein !”»

Il faut du sang-froid à la manœuvre dans ces moments dramatiques. L'évadé a toujours été repris grâce au savoir-faire des équipiers, mais ceux-ci sont jeunes et subissent plus que Michel le contrecoup émotionnel. Des années plus tard, suite à un autre épisode d'homme à la mer, le jeune commandant Hervé a pleuré : « Tout remonte à l'intérieur de toi, les moments vécus, graves, douloureux. » Et Bébert n'était pas en état d'apprécier la phrase du naufragé : « Mais vous n'avez pas d'humour les mecs ! » Il l'a tabassé sur le pont. Tous disent qu'après, il y avait à bord une curieuse atmosphère de recueillement.

Certains ont vu un jour Michel grimper sur la table à un repas et foncer vers la porte du roof pour arrêter celui qui sortait. Il avait senti venir...

Un ancien commandant a dit que sur un bateau il y a deux façons de faire signe, soit par la maladie, soit par le saut à la mer. Faire signe. Non pas s'enfuir, mais provoquer la noyade pour être repêché.

Et Michel note que jamais personne n'a filé à l'anglaise aux escales: «Au contraire, ils ont plutôt peur de rater le départ. J'annonce l'heure et je n'ai pas de souci à me faire, si nous levons l'ancre à 10 heures, à 9 tout le monde est là, tant ils craignent de rester sur le quai.»

Pourtant, chacun a le loisir de partir. Les passeports ne sont pas confisqués. «Vos passeports sont là, vous fichez le camp si l'envie vous prend, mais ne comptez pas sur moi si les flics vous attrapent parce que vous aurez fait une bêtise à terre.» Ce n'est pas vrai. Michel n'abandonne jamais ses ouailles. Il connaît bien les postes de police de chaque escale!

« Jésus, de nos jours, on l'emmènerait devant le juge pour enfants ! »

À l'âge de 12 ans, Jésus a échappé à la vigilance de ses parents. Pendant trois jours, ils l'ont cherché dans Jérusalem. Ce n'était pas une fugue, ça ? Ça ne méritait pas une punition ? Et l'inquiétude qu'il leur a causée ? Tous les dangers qu'il a courus ?

Quand Michel ouvre le foyer des Épinettes en 1964, il veut créer un refuge pour les jeunes qui sortent de prison, un lieu d'accueil pour éviter qu'ils soient jetés en pâture à la société qui ne leur fera pas de cadeau. Il faut leur donner la possibilité d'un temps intermédiaire pour reprendre pied.

Il avait obtenu un premier local dans un magasin désaffecté, avant d'acheter un bâtiment construit par les Allemands pendant la guerre. Mais « La Baraque » était petite, située dans un *no man's land* près du périphérique. Lorsque la ville lui propose un terrain porte de Clichy, il refuse d'y transporter La Baraque démontable et se bat pour construire une vraie maison en dur, où les jeunes seront logés décemment.

Au foyer des Épinettes, il y a une centaine de chambres individuelles, huit appartements, des bureaux et des lieux de vie collective.

Pour ne pas heurter le voisinage, Michel n'y héberge au début que les pensionnaires de La Baraque – il trouve là l'occasion de leur donner du travail au sein du foyer – et des locataires, employés ou fonctionnaires fauchés. Petit à petit, il accueille «les gosses rejetés de partout, ceux dont même la DDASS ne voulait plus, tous ceux à qui on avait collé sur le dos la plus mauvaise étiquette». Il embauche alors du personnel éducatif et d'intendance. Des étudiants bénévoles viennent aider à l'animation.

«Les gosses...»

Toute la tendresse de Michel pour les enfants perdus est dans ce mot. Il désigne ainsi les très jeunes et les un peu plus vieux que la vie a bousculés. Ils n'ont pas pu grandir sans faire de bêtises. Ils n'ont plus leur place dans la société. Ils sont en marge, ils conjurent leur souffrance par la rébellion et les actes de délinquance qui les font exister.

Avant tout, il les protège. Il n'est pas contre eux, mais avec eux. Il ne juge pas, mais accompagne. Il est sévère, mais pas autoritaire. J'ai pensé à lui un jour, en lisant cette phrase dans *La conversation de Bolzano* de Sándor Márai: *«Il savait que la vraie force, celle qui règle la vie des états et des hommes, n'est pas le commandement, mais la compréhension.»* Pour qu'ils le suivent sur un chemin moins hasardeux, Michel devait leur témoigner sa confiance et, sans être complice de leurs méfaits, instaurer avec eux une relation de complicité.

C'était un peu au détriment de l'autorité légale.

Quand un pensionnaire pris en flagrant délit de vol était ramené par les flics venus perquisitionner sa chambre, «la piaule» avait été «rangée» par les autres. Pas de trace de recel. La bonne idée des flics était de ne pas venir à l'improviste et celle de Michel d'avoir installé son bureau dans la ligne de mire de la porte d'entrée...

«On jouait aux gendarmes et aux voleurs.» Il y avait «le virage en or, providentiel» juste avant d'arriver au foyer, qui permettait au poursuivi de sortir du champ de vision des poursuivants. Et là, Michel disait stop aux représentants de la loi: «Vous ne pouvez pas parler de flagrant délit puisque vous l'avez perdu de vue!»

Si au cours d'une descente, la voiture bleu nuit garée devant le foyer se retrouvait les quatre pneus crevés, Michel s'indignait: «Mais pourquoi l'avez-vous laissée sans surveillance? Vous savez bien qui ils sont!»

Les coupables s'en tiraient à bon compte avec la justice officielle, moins bien avec Michel. Il couvrait, mais n'approuvait pas et le faisait savoir sans mâcher ses mots.

La justice, garante de l'ordre établi... Oui, mais que se passe-t-il si l'ordre établi n'est pas juste? S'il privilégie les uns et néglige les autres? Ainsi ces jeunes de la banlieue parisienne qui revenaient du ski. Sur un parking, à Lyon, ils ont été pris à partie par des jeunes Lyonnais qui se moquaient de leur bus pourri. S'ensuivirent insultes et échanges de coups. Certains sont allés devant le juge pour enfants. «Regardons ce qui s'est passé: les jeunes Lyonnais qui riaient du bus n'avaient pas tort, les jeunes Parisiens qui ont répliqué n'avaient pas tort. Le seul qui avait tort est celui qui avait fourni le bus pourri.»

Les gendarmes sont souvent taquinés. S'ils cherchent le père Jaouen sur le quai de l'Aber-Wrac'h, le père Jaouen lui-même leur répond: «Vous n'avez pas de chance, il est en mer!»

S'ils l'arrêtent pour un contrôle sur la route, alors que sa voiture n'est pas tout à fait en règle, il rétorque: «Mais comment voulez-vous que j'aie ma carte d'assurance, puisque je me tue à vous répéter que je n'ai pas de carte grise?» Et devant les remontrances balbutiantes de la maréchaussée:

«Vous n'allez quand même pas me faire un sermon, c'est mon boulot!»

Il se gare sur un arrêt de bus: premier PV. Déplace sa voiture sur un emplacement réservé aux pompiers: deuxième PV. Dommage pour les distributeurs de contredanses, ils étaient encore à portée de voix: «Mais vous êtes vraiment là pour faire chier le monde! Et vous allez faire ça toute votre vie?!» Il paraît qu'une fois, il en a fait pleurer.

Et les douaniers anglais, ont-ils été sensibles à l'humour français un certain jour à Portsmouth? Ils étaient montés à bord pour vérifier que les chiens étaient bien enfermés (la peur de la rage importée du continent). Ziton et Titus furent expédiés en bas par la trappe de l'atelier. *Good*! Les *frenchies* semblaient tout à fait respectueux du règlement, on pouvait accepter de boire un pot à la passerelle. Tout s'est passé cordialement jusqu'au moment où un «kay kay» indéniablement canin a surgi de sous le fauteuil occupé par un des douaniers. Ziton était venu assister aux réjouissances par la porte de l'atelier restée sans doute ouverte et réagissait au coup de pied. Fureur des douaniers ! Michel, en désignant l'espèce de boule de poils (Ziton ne ressemblait pas à grand-chose) : « Ziton *no dog, no dog,* Ziton *gadget* ! »

Quant aux autorités portuaires...

Maurice, dans son journal de bord : « *La traditionnelle engueulade à Funchal entre le responsable du quai et Michel qui dit : "C'est tous des cons" et aurait gain de cause parce qu'il parle plus fort, si un cargo n'arrivait, obligeant à céder la place. J'ai de l'estime pour cette manière radicale bien que sommaire de régler les affaires.* »

Daniel se souvient d'un contrôle en Lettonie, avec interdiction d'aller à terre une matinée. C'était en 1996 : « Le *BE* repart sans notifier son départ, les amarres sont larguées, deux gardes gesticulent sur le quai pour le faire revenir, Michel n'en tient pas compte. Le bateau est rattrapé par une vedette armée du port avec l'injonction de faire demi-tour. De retour à quai, des miliciens armés montent à bord et fouillent tout le bateau après avoir mis tout le monde dans le roof. Heureusement, ils n'ont pas trouvé certaines substances prohibées. À 1 heure du matin, le bateau pouvait repartir. »

Une autre fois, alors que le *BE* était amarré au bout d'un quai de commerce, en Martinique, il fallait un laissez-passer pour franchir la barrière fermant l'accès au port. Forcément, personne n'en avait puisqu'on venait de la mer. Dans sa guérite, la dame zélée et vociférante n'était pas très polie : « *Your garbage boat!* » (« Votre bateau poubelle!») Alors quand le bateau est reparti, un équipier a déposé quelques poubelles au pied de la guérite.

C'était pas mal aussi cette petite kermesse organisée par Zykton (un peu énervé) sur le pont, à l'adresse des Affaires maritimes: des agents de sécurité penchés au-dessus d'une bassine pleine d'eau où barbotait le flotteur de l'alarme de cale. Ceci afin de leur prouver que le flotteur flottait... Et zut, quoi! Pas la peine d'inonder la cale pour le vérifier.

À l'AJD, il faut reconnaître qu'on est pour un certain type d'autorité, l'autorité naturelle, pas l'autorité de principe. D'une façon générale, on a un peu de mal avec l'officielle. Mais, une fois n'est pas coutume, elle peut se révéler respectable et de bon conseil.

Navigation paisible au large de Cuba, sous hunier et fortune. Une vedette approche et fait signe. Ils veulent nous arraisonner? Alors là! Pas question de leur obéir! On fait mine de rien, jusqu'au moment où, de dessous la bâche à l'avant de la vedette, surgit un bazooka. D'accord, d'accord! Allez, on affale! Mais le hunier se coince, il faut envoyer quelqu'un là-haut. Et le quelqu'un hurle: «Il y a des brisants à un mille!»

Il y avait eu une erreur de route, «gentiment» signalée par l'armée de Fidel.

Pendant la guerre, Michel a refusé de partir au STO, malgré la volonté de son encadrement religieux. Ils n'ont été que deux à opposer un refus. La décision n'a pas dû être facile à prendre pour un jeune séminariste à qui on présentait cette forme d'obéissance comme une mission. Mais sa conviction intime était qu'il ne fabriquerait pas des obus pour l'armée allemande, alors que ses frères se battaient contre elle. Même si ce choix lui ôtait la possibilité plus tard de faire une carrière universitaire.

De cette période de guerre, il dit: «Dans la mêlée d'une humanité en conflit, chacun fait ce qu'il peut avec les cartes qu'il a en main, navigue à vue dans la tempête, à la cape, démâte ou rentre un peu de toile, s'en sort par chance sans trop de casse. On reste en partie tributaire des enchaînements de circonstances, des grains et des rafales qui ne sont pas les mêmes pour tous.»

Cette leçon tirée de «l'humanité en conflit», il l'applique à l'humanité tout court, surtout aux jeunes qui sont d'autant plus excusables qu'ils maîtrisent encore moins que leurs aînés le cours des événements.

Il a été hors la loi lui aussi.

«Ayant vécu moi-même avec de faux papiers pendant trois années, je suis devenu d'une amoralité totale en la matière. Si quelqu'un a une raison de changer de nom, eh bien, qu'il en change! Cela ne regarde que lui! Il a le droit de vivre tranquillement. Pour ma part, j'avais changé de nom car nous étions en guerre et j'aurais risqué ma peau en conservant mon vrai patronyme. Je rencontre tous les jours des garçons et des filles qui sont en guerre à leur manière, à l'échelle individuelle, contre une société qui les entrave et les coince. Dès lors, pourquoi ne pourraient-ils pas utiliser de faux papiers afin de respirer en paix, de ne pas toujours être en posture d'animaux traqués?

«Mon manque de scrupules à ce sujet vient d'une idée toute simple. Sur Terre, nous sommes chez nous partout, la planète appartient à tout le monde. Les sociétés doivent être organisées, mais ce n'est pas une raison pour oublier les valeurs absolues. La plus grande valeur est celle du droit de vivre. Si celle-ci est en cause, pour moi, il n'y a pas à hésiter, même face à une loi inventée par les hommes.»

« La mer est une évidence »

« Un bateau, oui, sans doute parce que je suis breton... »

« La mer est l'élément naturel pour moi. Je ne l'ai pas choisie. À la rigueur, je pourrais m'en passer. »

Je ne suis pas sûre que Michel aurait pu se passer de la mer, quand il me dit maintenant, avec un faux air de vieux sage (nous sommes aux baraques, nous regardons le paysage) : « Tu vois, la mer monte, elle descend, qu'est-ce qu'il y a de mieux ? Et personne n'a de pouvoir sur elle. »

À l'inverse, je crois qu'elle en a un sur lui ! À Lyon, il aurait pu se contenter d'emmener ses premiers délinquants dans les Alpes, c'était plus près. Mais il les emmenait aussi en Bretagne ; faire le trajet n'était pas rien à l'époque ! Il est resté sur le bord au début, dans des camps, puis dans la ferme de son frère Alain, et enfin, sur les dunes de Pen Enez. Assez vite, ça l'a démangé d'aller sur l'eau avec eux. Les petits bateaux, l'été, c'était déjà pas mal. Mais il voyait plus large. Surtout, il se désolait de voir les jeunes de Fresnes déscolarisés. L'enfermement les empêchait de poursuivre des études et les centres d'éducation surveillée ne proposaient que l'apprentissage de métiers techniques. «Quand un plombier de 18 ans va en prison, il est toujours plombier en sortant. Lorsque, après le même genre d'erreur, un lycéen de troisième ou de seconde est libéré, sa vie est généralement brisée.» Il a alors imaginé un navire école sur lequel ils embarqueraient, avec des professeurs, sous bonne garde de l'océan.

Pour les politiques, la mer n'est pas du tout une évidence! Brrr... L'idée du bateau leur donne froid. Michel s'est démené auprès des ministères. En 1961, il avait repéré un premier bateau, le *Duchesse Anne*, un trois-mâts allemand à l'abandon dans le port de Brest. Mais le renflouage aurait coûté trop cher. En 1962, *L'Oiseau des Îles*, un autre trois-mâts construit à Nantes dans les années trente. Trop coûteux également. Alors pourquoi ne pas en construire un? En 1963, il fonde l'association pour un Grand Navire École français et il multiplie les démarches pour que son projet aboutisse.

Il en est certain, «le financement de la construction ne pose pas de problème insoluble». Et puis, le général de Gaulle lui a serré la main au Salon nautique en le félicitant de son idée, il a l'appui du secrétaire d'État à la Jeunesse et au Sport... Mais il se heurte à la réponse du ministre des Finances: «*Il conviendrait, à mon sens, avant d'entreprendre un projet aussi important, de tenter une expérience à une échelle plus réduite et qui serait de nature à limiter les risques financiers.*» Les plans du grand navire école sont définitivement enterrés avec cette belle épitaphe du gouvernement: «*Pour conclure nous estimons que le projet de grand voilier école est une entreprise difficile, et même* a priori *risquée. Vous le savez encore mieux que nous. L'entreprise est risquée, car elle est conçue à l'intention de jeunes très défavorisés, donc difficiles. C'est à nos yeux, mon Père, le très grand mérite de ce projet, qui justifie à coup sûr un examen très soigneux et très prudent de notre département, mais également toute sa sympathie agissante.»*

Que de termes aimables! Tous les mots que Michel déteste sont là: «difficile», «risqué», «prudent». Lui s'obstinerait à ne pas être prudent, il affronterait le difficile, même risqué; il agirait, en dehors de toute sympathie.

Il faut préciser qu'entre-temps les jeux Olympiques d'hiver avaient été attribués à Grenoble et, pas moyen de faire autrement, le budget du navire école affecté à la prestigieuse piste de bobsleigh. Elle ne servira que quelques jours...

Nous voilà en 1968. Michel consulte la revue *Bateaux*. Ce n'est pas les Évangiles mais presque! La Bonne Nouvelle est dedans! Le *Bel Espoir* est de l'autre côté de la Manche, il s'appelle encore le *Prince Louis II*. Plus pour longtemps... «Il est gros, large, costaud. Il ne risque pas d'être renversé par une bourrasque. Bien pépère et balourd comme il est, il ne se couchera pas pour un oui ou pour un non.»

C'est une goélette trois-mâts en bois. Construite en 1944, elle a transporté pendant dix ans du bétail entre Copenhague et Hambourg, d'abord sous le nom de *Nette S*, puis de *Pedermost*. En 1955, elle a été rachetée par les Anglais qui l'ont rebaptisée *Prince Louis II*, pour servir de navire-école. On dit que le prince Charles aurait fait ses classes à son bord...

Longueur: 38,50 mètres
Largeur: 7 mètres
Tirant d'eau: 2,80 mètres
Poids: 147 tonnes
Surface de voilure: 650 m²

Les transactions ne traînent pas. Le 6 mai, Michel rejoint le bateau au sud de l'Angleterre avec quelques jeunes du foyer des Épinettes et un équipage constitué d'amis. Le 12 mai, ils appareillent pour la Bretagne. Ils essuient leur premier coup de vent, tandis que c'est la tempête dans les rues de Paris.

L'AJD a enfin son bateau!

Il répond aux vœux du ministère des Finances – *une expérience à une échelle plus réduite* – et le secrétaire d'État à la Jeunesse et aux Sports, ami de Michel, a le temps, avant expiration de son mandat, de subventionner l'achat pour moitié. La CAF prend en charge l'autre moitié. C'est que les turbulences de la société engendrent toute une jeunesse paumée dont il va falloir s'occuper...

Dès l'été 1968, le *Bel Espoir II* navigue sur les côtes de France, d'Espagne et du Portugal avec des jeunes du foyer des Épinettes, avant d'entrer à l'arsenal de Brest pour trois mois de travaux. Les deux années suivantes, faute de moyens, il se contente de faire traverser la Manche à des comités d'entreprise.

Mais Michel n'en démord pas: il veut créer une école sur l'eau. En 1971, «La grande croisière des cent jours» emmène quinze scolaires de l'autre côté de l'Atlantique. Première traversée pour le *Bel Espoir*! Parmi les huit membres d'équipage, le père Maucorps et un futur officier de la marine marchande assurent les cours. Le maniement du bateau donne l'occasion de travaux pratiques en maths et physique, et les escales sont un terrain propice à l'histoire, la géographie, les langues…

La traversée n'est pas de tout repos! Extrait du récit du père Maucorps: «*Tous avaient une histoire familiale et scolaire perturbée. Quelques-uns avaient commis des actes de délinquance ou avaient touché à la drogue. Transgressions et contestations ont commencé deux jours à peine après l'appareillage.*»

Il faut dire que le confort est alors pour le moins spartiate: il n'y a pas de roof, on vit essentiellement dans la cale qui sert à la fois de dortoir, de cantine et de salle de classe. Vingt-quatre bannettes superposées s'alignent contre les parois, et deux grandes tables et des bancs occupent le milieu de l'espace. Ce manque d'intimité exacerbe les conflits. Il n'y a pas de douche et le frigidaire est une glacière entourée de chiffons sur le pont.

Pourtant, l'expérience se révèle positive: «*J'ai été le premier surpris, non pas tant dans l'acquisition des connaissances que dans le domaine de la maturation intellectuelle, de la réflexion personnelle et du discernement. Nos élèves sont revenus non pas avec une tête bien pleine, mais avec une tête qui fonctionnait avec infiniment plus de spontanéité et de perspicacité.*»

Là-dessus, miracle! Un homme éclairé entre au gouvernement et sollicite Michel pour qu'il prenne en charge les drogués en postcure. 1972, 1973, 1974 verront les *Trois voyages avec les drogués*, racontés par le père Maucorps.

L'intérêt des pouvoirs publics pour la thérapie en mer est de courte durée. Tant pis! Tant mieux! Michel est libre d'agir à nouveau à sa guise. Le concept – emmener des drogués en mer – a fait ses preuves. Il en tire une conclusion: «Il faut les mélanger», idée maîtresse à laquelle il ne dérogera jamais.

«Le drogué est en général impressionnable, influençable, pas idiot, sensible. J'essaie de leur faire comprendre qu'ils sont comme tout le monde, qu'ils ne sont pas des individus à part, qu'ils ne sont pas une race à part, qu'ils n'ont pas besoin de soins particuliers et qu'ils doivent arriver à vivre avec tout le monde, à se laisser contaminer par les autres. Si vous les rassemblez entre eux, de quoi voulez-vous qu'ils causent? Ils ne peuvent parler que du prix de la drogue, des endroits où on en trouve. Il faut qu'ils arrivent à avoir un bon sujet de conversation et d'autres motivations.»

Et puis, il y a tous les autres, ceux qui manifestent autrement leur mal de vivre, ceux qui ont envie tout simplement de voyager. Ils vont s'enrichir mutuellement. Dorénavant, l'AJD se passera de l'argent public. En haut lieu, on concède tout de même la présence dans l'équipage de jeunes appelés qui font leur service militaire dans la Marine. Plus tard, des étudiants des écoles de la marine marchande pourront faire valider leur temps de navigation à bord du *Bel Espoir*...

Et du* Rara Avis*!

Certains croient en l'œuvre de Michel. Ainsi, Georges Lillaz, P.-D.G. du Bazar de l'Hôtel de Ville à Paris, a été un des premiers mécènes. Ils avaient un ami commun: un clochard qui avait dit un jour à Georges Lillaz qu'il avait un seul bon pote, l'aumônier de Fresnes. Alors, il avait eu envie de rencontrer ce bon pote et de l'aider. Il a donné des fournitures scolaires et des vêtements pour les jeunes prisonniers, et c'est grâce à lui que Michel a pu acquérir sa première «baraque», ébauche du foyer des Épinettes.

En 1974, il fait don à l'AJD de son yacht personnel, le *Rara Avis*, un trois-mâts en acier de 38 mètres, construit en 1957 sur le modèle des barges de la Tamise.

Deux bateaux! Deux bateaux qui seront réaménagés pour pouvoir accueillir un peu plus de soixante-dix personnes au total. Le premier deviendra une bétaillère de luxe avec des cabines et un roof, le second perdra un peu de son standing: une cheminée et des lavabos individuels, ça prend de la place...

Ils ont navigué sans relâche ces deux bateaux, presque toujours ensemble. Ils ont traversé l'Atlantique dans un sens, puis dans l'autre. Ils ont descendu des côtes vers le sud, remonté des côtes vers le nord. Ils ont contourné des caps, des îles, ils ont pénétré dans des lochs, des fiords, ils ont franchi des canaux. Ils ont été encalminés, ils ont surfé sur les vagues, ils se sont échoués sur des hauts-fonds, ils ont grimpé sur des cailloux, ils sont toujours là...

«Ce n'est pas possible!

– Si!

– Mais, entre 1971 et 2010, ça fait combien de traversées? Trente-neuf pour le *Bel Espoir* et trente-cinq pour le *Rara*?

– À vrai dire, pas tout à fait...»

À un moment, ils n'en pouvaient plus.

Un matin, après une nuit de fort vent, le *Bel Espoir* avait disparu. Il n'était plus arrimé au coffre devant le port de l'Aber Wrac'h, où on l'avait laissé la veille. Il était parti. Au fond de l'aber, là où c'était plus calme. Eh oui, il était bien allé se coucher pour une fois. Comme s'il en avait eu marre d'être toujours secoué. Le *Bel Espoir* avait résisté à toutes les bourrasques de la haute mer, transportant sa précieuse cargaison d'âmes humaines, mais là, vidé, fatigué et endolori, il criait grâce.

Cette année 1992, Michel est reparti sur *Rara* sans le compagnon de traversée. Zykton pompait tous les jours le ventre de la grande carcasse blessée pour qu'elle tienne encore un peu avant l'arrivée des secours. Il ne le disait pas, mais sa peine devait être immense. Il n'était pas le seul. Quoi? On allait laisser pourrir là le bateau emblématique? Il irait rejoindre le triste cimetière des bateaux à Camaret?

Non! Les secours sont arrivés! S'ils ont emmené le *Bel Espoir* à Camaret, ce n'était pas pour l'enfouir dans la vase. Ils l'ont déposé sur la plus magnifique table d'opération qu'on puisse imaginer: le *slipway*, en face du port, sous la protection de la tour Vauban et de Notre-Dame-de-Rocamadour. Pendant deux ans, il allait clamer à la face du vent, de l'océan, du monde, sa détermination à revivre.

Des énergies de tous bords se sont rassemblées dans une volonté unanime de voir le *Bel Espoir* naviguer à nouveau. On ne construirait pas un autre bateau, on le referait à l'identique. Pour une fois, financements publics et privés se sont conjugués dans un même élan de générosité: la mairie de Paris, le conseil général, le conseil régional, les monuments historiques... Et aussi, cette dame qui a traversé la France à vélo pour apporter son chèque en mains propres au père Jaouen. Ou cette autre, qui lui a écrit: «*Mon père, je ne peux pas faire grand-chose, je vous mets un billet de 20 F dans l'enveloppe.*» Ou encore les trente mille personnes qui ont répondu à l'appel de «L'opération *Bel Espoir*» lancée par l'émission de France 3, *Thalassa*. René P. était allé voir Georges Pernoud: ce bateau tant admiré à la télévision, il fallait le sauver! Et des sacs remplis de courriers contenant des chèques sont arrivés. Comme sur une liste de mariage, chaque donateur pouvait acheter un morceau du *BE*. J'ai rencontré un prof de gym à Grenoble, tout content d'avoir offert une louche!

Au terme de quarante mille heures de travail effectuées par des professionnels et des jeunes en formation, le *Bel Espoir* a repris le chemin des Antilles, le 1er février 1995.

Et le *Rara* tombait malade à son tour... Lui aussi s'est couché sur le flanc sur une rive de l'aber. Il a fallu une grue pour le relever, on l'a emmené aux urgences à Brest pour panser les plaies de sa coque, avant son retour pour une hospitalisation à domicile! Car Zykton avait déniché le Moulin de l'Enfer qui allait accueillir le chantier naval de l'AJD en mars 1999, ouvrant grand ses portes aux machines, aux stagiaires et à leurs formateurs. C'est là que s'est poursuivie la réfection du *Rara*.

Ce n'est qu'en 2002 que les deux compères se sont retrouvés.

«Tu as vu ma nouvelle barre à roue?

– Ah! mes voiles sont plus blanches que les tiennes!

– Oui, mais mon moteur fait moins de bruit!

– Dommage, le plancher de ta passerelle n'est pas en marqueterie...

– Tu es bien sûr que ton arbre d'hélice est droit?

– Mon parquet est en chêne et le tien?

– Je préfère de loin la couleur de mes lambris.

– Et ton étanchéité tu en es content?

– Ma douche est nettement plus confortable.

– Tu comptes nous polluer encore longtemps avec ton panache de fumée?

– On est beaux, non? On ne va plus se quitter!»

Et parce qu'ils avaient été bien traités et qu'ils avaient recouvré la santé, qu'après toutes ces misères ils retrouvaient le bonheur de naviguer, ils se sont dit qu'ils pouvaient bien accueillir au chantier quelques jeunes à réinsérer.

Ils s'appellent *Damien, Agathe, Tonton Job, Tanit, l'Odin, la Baleinière, New Dawn, Patron François Hervis, le Loup de Mer, la Crevette, la Conquérante, Ocianus*... tous arrivés à Paluden, au chantier, par des chemins divers, après des parcours plus ou moins accidentés. Chacun avec son histoire. Chacun sans avenir. À moins que l'AJD ne veuille bien s'en occuper, à la prière de leurs propriétaires. *New Dawn*: tombé d'un quai et bien abîmé; *Agathe*: abandonnée, victime d'une discorde entre héritiers; *l'Odin*: souvenir douloureux d'un fils mort de la drogue; *Tonton Job*: un patron trop âgé pour continuer la pêche...

Faire don à l'AJD de son bateau, c'est avoir l'assurance qu'il sera bien réparé et entretenu, et qu'il servira encore. Zykton a vu là une aubaine, les stagiaires ont du travail toute l'année et ces bateaux plus petits sont un support idéal pour l'apprentissage de la navigation. La flotte ne pourra pas grossir indéfiniment, mais Zykton a une autre idée (il en a beaucoup) : accepter au chantier des gens qui ont un bateau mais pas de gros moyens, mettre à leur disposition les machines et le savoir-faire, leur donner conseils techniques et coups de main. Leur bateau sera là pour une durée déterminée et eux devront se plier aux horaires du chantier. Ils ne paieront que les matériaux. « Comme ça, ils ne seront pas tout seuls dans leur coin et ça donnera aux gars du chantier l'exemple de gens qui ont peu de moyens mais un projet », explique Zykton.

Est-ce que les vertus pédagogiques de la mer sont encore à démontrer?

Michel pense que tous les grands ports français – et on n'en manque pas – devraient avoir leur navire école. « Il n'y a personne en mer ! Il y a de la place en mer ! » Bien plus que dans les prisons. Et le coût journalier d'une cabine est bien moins élevé que celui d'une cellule.

Ça, c'est pour nos dirigeants ! Aux sponsors de La Route du Rhum et autres courses à la voile, Zykton fait juste une petite remarque : « Il faut quand même savoir que pour le prix d'un multicoque susceptible de se briser comme une allumette, on pourrait construire un trois-mâts type *Bel Espoir* ou *Rara Avis*, capable pendant des années de faire découvrir la mer à des milliers de personnes... »

Plus de mille personnes passent chaque année sur les bateaux de l'AJD.

« Des mutineries ! Contre quoi voulez-vous qu'ils se mutinent ? Le vent et la tempête ? »

On nous en avait parlé. On ne l'imaginait pas. C'est effrayant ! Le golfe de Gascogne. Le fameux golfe de Gascogne ! On n'avait même pas vraiment réfléchi où c'était. Maintenant on se fiche complètement de savoir où c'est, mais ce qui est sûr, c'est qu'on voudrait être ailleurs, n'importe où sur la Terre mais pas là.

Le coup de vent a commencé dans la nuit. Le mouvement qui berçait doucement les rêves a pris un rythme d'essoreuse à salade. « On est à la fête foraine ou quoi ? » Et puis, ça s'est gâté. Brutalité des secousses. La fête de la mer a viré au cauchemar. Plus moyen de dormir. L'impression d'être dans une bétonnière. On est roulé d'un bord sur l'autre dans les bannettes, le ventre aspiré vers le bas et, dans la seconde qui suit, le cœur soulevé au plafond. Ça goutte sur l'oreiller. Alors c'est qu'il y a de l'eau qui s'infiltre à travers la cloison ? L'esprit brumeux extrapole à peine. Il implore seulement que s'arrête le souffle de la vague qui frappe la coque et violente l'estomac. Il faudrait aller prendre l'air, mais ce sera un tel calvaire de se lever, traverser la coursive devenue folle, se cramponner aux marches de l'escalier. On le fait quand même dans un sursaut désespéré de la volonté. On est tellement mal qu'on n'a plus grand-chose à perdre de toute façon. Agrippé à n'importe quoi sur le pont. C'est pire. L'univers a basculé dans l'absurde. Le ciel est tout bleu ! Il y a quelque chose qui ne colle pas dans ces gerbes d'écume qui éclatent au-dessus de la lisse, le ronflement du vent dans les voiles, l'horizon qui a perdu sa ligne horizontale et ne risque pas de la retrouver tant les vagues s'acharnent à la mettre dans tous les sens. On est seul au monde. On ne voit que ça, cette gigantesque hystérie de la nature. On ne se demande même pas si le bateau va s'en sortir, s'il y a encore quelqu'un pour le commander. Mieux vaut retourner dans sa cabine, au milieu de toutes ses petites affaires, et attendre la fin.

Le golfe de Gascogne est le passage obligé pour la conquête des alizés. Une leçon d'humilité. Journal de Maurice : «*Les premiers coups de roulis calment les braillards en les rendant silencieux pendant quelques jours.*» La tempête a semé le désordre à bord : hunier déchiré, cuisine apocalyptique, bibliothèque éparpillée, congélateur renversé, matelas trempés... Mais elle a remis de l'ordre dans les idées. Quand le petit peuple remonte hagard de la cale, il est reconnaissant à ceux qui ont tenu bon là-haut, les garçons et les filles qui ont lutté, mal de mer ou pas. Maurice cite avec quelque jubilation «*cet emmerdeur dédaigneux, grande gueule tatouée, couvert d'un assortiment de médailles diverses, colliers et bagues, lunettes de soleil en permanence, qui émerge hébété, courbé comme un vieillard, s'accroche péniblement à la table et se retrouve à quatre pattes*». Celui-là, comme les autres, ne rechignera pas à remettre le bateau en état.

Michel constate: «Ils ont du mal à accepter la discipline? Sur un bateau elle s'impose d'elle-même. Quelques coups de chien et ils l'acceptent volontiers.»

River Shannon, Irlande, été 1998.

L'atmosphère est étrange sur l'île en face de Kilrush. On se croirait dans un roman des sœurs Brontë. Les nuages bas et gris filent dans les rafales au-dessus de nos têtes. Nous avons marché parmi les pierres tombales au pied de pans de murs d'une très vieille abbaye. Une immense tour se dresse au centre de l'île. Sur la grève, des maisons de pêcheurs abandonnées. Le décor est inquiétant. Il ne manque plus qu'un événement dramatique.

Nos imaginations commençaient à s'emballer! Nous sommes à peine surpris.

«Il bouge!

– Quoi, il bouge?

– Le *BE*, il bouge!»

Oui, il se passe quelque chose d'anormal! Le *BE* au mouillage, imperceptiblement, se déplace le long de l'îlot. Nous sautons dans le Zodiac et surfons plein gaz sur les vagues pour rejoindre le bord au plus vite.

Derrière la vitre de la passerelle, le visage concentré de Zykton. Sur le pont, deux équipiers penchés sur le guindeau. Un troisième, depuis la porte de la passerelle fait le relais de la voix et du geste. Explication rapide d'un autre qui traverse au pas de charge: l'ancre ne croche plus.

Nous avons raté le début. Le cri d'alerte: « On dérape ! » La mise en route du moteur. Les premières tentatives pour stopper la dérive du bateau.

Coup d'œil vers la côte, pas très engageante ! Des blocs de rochers entassés pour contenir la houle. On va se retrouver drossés contre les cailloux. Comme dans *Paul et Virginie*.

Ce matin, nous n'avons pas pu nous mettre à l'abri du port, le vent et le courant étaient déjà trop violents pour risquer le passage dans l'écluse étroite. Nous avons dû mouiller un peu plus loin. Le vent a forci. Les hommes de quart étaient vigilants et surveillaient l'alignement avec la terre. Ils ont tout de suite vu que le bateau chassait.

On se rend compte que le moteur étale à peine la force du courant et du vent. Mais comme on n'y connaît pas grand-chose, on n'a pas vraiment peur. Surtout, il y a ces ordres brefs, précis, l'impassibilité du commandant qui les dit et ne les hurle pas, l'immédiateté de leur exécution.

« En avant ! – Ajoute un maillon ! – Trois maillons ! – Étale dessus ! – OK ! »

Aucune trace d'énervement ou d'inquiétude dans cet échange. On dirait un répons. Le chant est dramatique, mais les exécutants maîtrisent la partition. Rien ne transparaît dans les attitudes et les voix de la gravité de la situation. On ne voit que l'action et, respectueusement, on prend garde à ne pas gêner la manœuvre. Une spectatrice un peu émotive est envoyée avec fermeté en coulisse, devant un pot de Nutella.

Le dénouement sera-t-il heureux?

Alors que l'ancre ne croche toujours pas, une bouée providentielle est libérée par un pêcheur. Le mouillage est relevé, ancre pendante pour parer à une éventuelle urgence. Deux gars sautent dans le Zodiac avec une aussière et foncent vers la bouée.

« Ils ont calé ! La touline s'est prise dans l'hélice ! »

À bord, on retient son souffle. En bas, dans le chahut des vagues, les deux équilibristes gardent leur sang-froid, démêlent, redémarrent, atteignent la bouée. Ouf !

Mais ce n'est pas fini ! Il faut encore agripper l'anneau de la bouée pour y passer l'aussière et, dans ce grand chambardement, l'équipier qui tient le bout se vautre sur le boudin du Zodiac, jette les bras vers l'anneau qui se dérobe à chaque coup de houle.

« Ça y est ! Il a réussi ! »

L'autre extrémité de l'aussière est reprise et tournée à l'avant, le Baudouin et le guindeau sont stoppés, retour du Zodiac à bord, chapeau et merci les gars ! On dormira tranquilles cette nuit.

« Ils ne veulent pas de l'autorité ? En mer, ils en réclament, ça les sécurise.

Ils sont sur un terrain qu'ils ne connaissent pas et ils ont plus ou moins peur, donc ils ne se sentent pas brimés par l'autorité, au contraire. » Et Michel évoque la première traversée de la Manche sur le *Bel Espoir* qu'il venait d'acheter aux Anglais. Il avait emmené avec lui six garçons du foyer des Épinettes.

« Nous n'avons pas tardé à faire connaissance avec les éléments car nous sommes vite tombés dans une dépression d'ouest où le bateau s'est fait copieusement secouer.

Tous découvraient la manœuvre d'un grand voilier en s'en prenant plein les mains et les yeux. Subitement tous leurs rapports avec les adultes qui les encadraient étaient transformés : il s'agissait de s'unir pour parer au grain et non plus de subir une autorité désincarnée. C'est à ce moment que j'ai senti combien la formule leur convenait et fonctionnait à merveille. Eux semblaient l'avoir adoptée d'emblée, sans arrière-pensée. »

En mer, où le terrien se sent vulnérable, l'autorité peut vite être mise à mal. Il est arrivé que même l'équipage perde confiance. En route vers un port de Guyane, où le *Rara Avis* devait être réparé, dans un mouvement collectif de panique, les équipiers ont ouvert un canot de sauvetage pour en vérifier le contenu. Zykton raconte aussi qu'au cours d'une transat, alors que le *BE* donnait de sérieux signes de fatigue (avant sa réfection), et qu'il fallait pomper sans arrêt, les passagers étaient très inquiets. Il avait imaginé un subterfuge pour les rassurer : « On sortait le sextant et là l'équipage, aux yeux des passagers, se retrouvait détenteur d'un pouvoir, d'une science que eux ne possédaient pas et ils étaient impressionnés. »

Justement, Maurice est en train de donner un cours de sextant. Géraldine, Dominique, Mireille et Charles sont ses élèves attentifs. Mais ce n'est pas facile d'aborder la grande science des marins. Il faut déjà que la théorie se fraye un chemin dans le cerveau. Qu'est-ce que vous en pensez, vous, si on vous dit sans ménagement que le but de la manip du sextant c'est de mesurer un angle entre l'astre – le Soleil ou une étoile –, vous et l'horizon ? Et qu'après, connaissant l'heure précise de votre mesure, vous pouvez en déduire par calcul, en utilisant les éphémérides – c'est quoi les éphémérides ? – que vous êtes sur un arc de cercle à la surface de la Terre, qui se présente comme une droite sur une carte marine ? Et qu'en répétant ces mesures et en tenant compte de l'estimation de la distance parcourue, vous en déduirez que le point où vous vous trouvez est à l'intersection des différentes droites ? Qu'est-ce que c'est ce charabia Maurice ? Patiemment, Maurice explique, démontre, l'auditoire est admiratif.

Ensuite, il faut passer à la pratique. Autre difficulté ! Car on a beau se camper fermement sur ses jambes, ça bouge ! Alors, tenir l'engin à la hauteur des yeux, viser à travers, le manipuler pour qu'enfin l'astre et l'horizon se rejoignent… c'est tout un art.

Il y a de la mutinerie dans l'air ?

Transat aller 2003, journal de Maurice :

« Vendredi 31 janvier : une vive altercation s'est produite entre le commandant et un gars de l'équipage à qui il reprochait de perdre son temps à des occupations futiles. Coste était furieux, disant que tous ces gens qui avaient un bac plus cinq étaient incapables de mener un bateau sans GPS et sans matériel sophistiqué.

Samedi 1er février : surprise en montant à la passerelle, le GPS n'est plus là, il a été débranché et les fils pendent lamentablement. Je tente de m'informer. Que s'est-il passé ? Charlotte ne sait pas, Romain non plus. Ils ignorent tout de l'affaire et sont ahuris. Les autres sont silencieux. Coste est dans sa cabine. Est-ce une farce? En clair, cela signifie que l'équipage devra utiliser le sextant jusqu'à nouvel ordre.

Dimanche 2 février: silence à bord. L'équipage, surtout ceux qui appartiennent à la marine marchande – ils sont quatre – est muet, en attente, comme à la veille d'une catastrophe. On entendrait une mouche voler. Coste apparaît, visage tendu, sans un mot il jette un regard sur le livre de bord et retourne dans sa cabine. Les marmars sont déboussolés, parlent en sourdine, ne savent pas encore quoi faire, Coste va-t-il remettre le GPS en service? La carte demeure vierge. Coste dit que le point doit être fait. Charlotte consulte un bouquin, Romain manipule une calculette, un autre revient avec un ordinateur, le dernier sort le sextant de sa boîte. Aucun ne sait l'utiliser. Mes cours aujourd'hui ont lieu à l'écart de la passerelle, je ne veux pas froisser la susceptibilité des marmars qui souhaiteraient demander de l'aide et hésitent à le faire. Les passagers, eux, cherchent le pourquoi de cette agitation sans rien y comprendre.

Lundi 3 février: dans l'équipage l'atmosphère est à la déprime, on ne dort plus. Le point n'a pas pu être fait et la carte reste vierge. Les passagers se posent de plus en plus de questions. L'équipage montre les signes manifestes de son désarroi: Charlotte me demande un topo, leur formation permet aisément les calculs nécessaires, par contre l'utilisation du sextant offre des difficultés.

Mardi 4 février: à la passerelle, Coste se penche sur la carte, se tourne vers le chef de quart: "Où on est?" Silence gêné, la carte est vide, toujours pas de point.

Vers 17 heures, Charlotte fait une observation avec moi, dont elle reporte les résultats sur la carte après avoir effectué les calculs.

Opération sextant réussie ! Soulagement général. Je songe au danger de tout miser sur la technique.

Mercredi 5 février : le GPS a été remis en service cette nuit. »

« En mer, les gosses trouvent la véritable autorité de l'adulte, pas celle qui contraint, mais celle qui aide et dont ils ont besoin. Il faut être assez ferme, suffisamment pour qu'une barrière existe. Mais il faut donner autre chose que de l'éducation. Il faut donner un savoir-faire. »

Telle est la ligne directrice de Michel.

Belle alchimie entre Coste et Maurice : l'un dispense la fermeté, l'autre le savoir-faire.

Je gage que si Maurice n'avait pas été là, le commandant n'aurait pas abandonné l'équipage à sa souffrance. Il aurait simplement attendu qu'humblement on lui demande son aide.

Celui-là, de commandant, est une sorte de prince éclairé en pantoufles. Oui, en pantoufles ! Car cet habitué des grandes courses à la voile, qui n'a pas son pareil pour optimiser la marche d'un bateau, reçoit les autorités portuaires en charentaises. Alors que tel autre est monté à bord avec ses sabots ! Est-ce qu'il les quitte seulement quand il s'arc-boute pour tirer sur les drisses de ses bras puissants ? Lui, il aurait tempêté, impatient du résultat. Un troisième aurait eu un bon gros rire moqueur devant l'incurie de ses marins : sans GPS, sans rien, il leur montre qu'on peut se promener en mer comme dans un jardin, il contourne les cailloux avec délicatesse comme le jardinier ses massifs de fleurs.

Mais quels que soient leurs caractères et leurs humeurs, leurs façons de faire, les commandants sont assurés d'être respectés, car ils transmettent aux plus jeunes l'éducation AJD qu'ils ont reçue : esprit pratique et autonomie.

Sur ces bateaux, la hiérarchie ne s'impose pas par les privilèges. La preuve : on peut être servi à table par le commandant et le voir faire la vaisselle. Lui aussi est épinglé sur la liste des corvées ! Mais... je n'ai pas vu de commandant la pelle et la balayette à la main.

Autant le dire, Michel fustige les éducateurs qui ne sont « que » éducateurs. Les siens, du foyer des Épinettes, il les bousculait pour qu'ils ne se cantonnent pas dans un rôle de surveillants.

« Cherchez le contact, soyez prêts à tout. Ne jouez pas les empêcheurs de tourner en rond, cela ne marchera pas avec eux. Soyez capables de leur apprendre quelque chose, donc de leur apporter quelque chose. »

Puisque beaucoup de ses pensionnaires avaient été condamnés pour des vols de voitures, autant leur apprendre à conduire ! C'est ce qu'il faisait, grâce à des voitures à doubles commandes. Leur permis en poche, ils avaient plus de chances de trouver un emploi, celui de chauffeur livreur par exemple, très couru à l'époque. Les éducateurs rechignaient ? Pourtant, « moniteurs d'auto-école », ils risquaient moins les mutineries.

« Choquez la balancine ! »

Un soir, Sergio regardait *Lord Jim* à la télévision avec Michel, un film tiré du roman de Joseph Conrad. Des marins étaient en train de s'agiter sur le pont d'un bateau. Au premier plan, Charlton Heston, torse nu, hurlait des ordres : « Hissez la grand-voile ! Brassez carré ! » Sergio n'a pas résisté, sur le même ton, il a lancé : « Choquez la balancine ! » Il n'a pas osé dire la suite... Michel, lui, n'a pas hésité à compléter par un « bande de cons ! » bien sonore. Une réplique sans laquelle un tour de l'Atlantique ne serait pas un tour de l'Atlantique.

L'authenticité en est attestée dans divers récits très sérieux. Journal de bord d'une stagiaire : « *Jaouen dirige la manœuvre de sa cabine de pilotage en criant comme un putois : "Choquez, mais choquez donc, bande de petits cons !"* » Journal de Maurice : « *Il dirige les manœuvres d'une voix de stentor, avec beaucoup d'injures à l'occasion.* »

À manœuvres musclées, vocabulaire musclé. Au risque qu'il n'y ait pas que la balancine qui soit choquée ! Au moins, celui qui ne sait pas encore qui est cette balancine comprend qu'il y a urgence à s'occuper d'elle. Alors il va se démener, à tort et à travers, en essayant d'avoir un air averti. Lever le nez en l'air, c'est sûrement là-haut que ça se passe. Arpenter le pont avec une assurance feinte, prêt à changer de direction pour aller dans la bonne, quand il aura repéré l'équipier déjà dans l'action qui le sauvera de son ignorance. Il pourra juste faire semblant d'arriver trop tard.

Patrick, comédien de métier et dans la vie en général, est hilare devant la mine déconfite du novice. Il s'amuse à faire la doublure de Michel dans sa tirade *Manœuvres*. Perché sur la lisse, accroché aux enfléchures au-dessus de l'eau, il prend la même attitude que le premier rôle qui, lui, est penché à l'extérieur de la passerelle et, se retenant par une main au chambranle de la porte, crie, hurle, tonitrue, gueule, aboie... au choix! Et l'imitateur déclame: «Alors, les flèches! Qu'est-ce que vous attendez pour les envoyer, bande de vauriens? Et les plis en bas de l'artimon! Vous dormez ou quoi?»

Quel casse-tête la sémantique maritime! De quoi faire tourbillonner les neurones!

Il y a tous ces mots ésotériques pour désigner des choses qui ne le sont pas tant que ça. *Baderne*: grâce au capitaine Haddock et ses *«Espèce de vieille baderne défraîchie!»*, on a peut-être déjà cherché dans le dictionnaire. On a trouvé que ce sont ces sortes de perruques qui flottent au vent sur les haubans pour éviter l'usure des voiles qui s'y frottent. Les *rabans*: mais pourquoi appelle-t-on ainsi les rubans qui servent à ferler – à faire quoi? – les voiles, puisque ça en a justement l'air, de rubans?!

Et ces autres vocables, dont le sens familier est détourné? À croire que tous les génies de la mer se sont mis d'accord pour nous chambouler de fond en comble, au propre et au figuré. Quand on est de l'équipe ménage du jour, il y a de quoi être ahuri la première fois que quelqu'un suggère d'aller chercher les *violons* en bas. On nous avait caché qu'il y avait un orchestre de musique de chambre à bord ! Ah non ! Les violons sont les cadres qui retiennent les couverts sur la table quand ça bouge.

C'est sidérant aussi d'apprendre que non seulement il y a un curé à bord, mais que même le *bon Dieu* et les *apôtres* sont là ! sous la forme de grosses pièces de bois en forme de croix, bien campées et pas commodes, à l'avant du pont.

Et la houle qui s'applique à raser de près la *sous-barbe* et les *moustaches* du *bout-dehors* ! Il ne faudrait pas qu'elle arrive à ses fins et que la chaîne et les câbles rompent.

Quant aux *marocains*, pas la peine de chercher à les faire sortir de leur planque, il ne s'agit pas de passagers clandestins, ce sont les haubans des mâts de flèches.

Il y a de quoi être terrassé quand on a l'air de nous dire en plus que le *guindeau* joue avec ses *poupées* en descendant sa chaîne. Il a aussi des *barbotins*, est-ce que ce sont des petits lutins ? Et la *pioche*, c'est pour faire du jardinage au fond de la mer ? Ouf ! C'est l'autre nom de l'ancre...

Quel univers fantasmagorique !

Et pour couronner le tout, Zykton explique, très poliment, qu'il y a le « *Bossoir* Madame » et le « *Bossoir* Monsieur » pour remonter avec courtoisie le Zodiac sur le pont.

En tout cas, ça tombe bien que l'alcool soit interdit à bord. Quand il faut *biturer les drisses* il vaut mieux avoir l'esprit clair, autrement elles vont faire des nœuds.

Oui, des nœuds. J'ai bien dit des *nœuds* et pas autre chose. J'aurais pu dire des *tours* ou des *tas*, mais ça aurait été dramatiquement inexact. Pour preuve de la nécessité absolue de l'usage du terme précis quand on doit se sortir d'une situation embrouillée, il n'y a qu'à lire ce rapport d'un équipier: «*On a mis le* BE *et le* Rara *à couple aux Anses d'Arlet. On a fait un tour complet une nuit, donc on s'est retrouvé avec un tour dans les ancres. Michel nous a dit que ce n'était pas possible puisqu'aux Anses on ne fait jamais de tour complet. On est allé voir deux fois de suite en plongée le tour qui était bien évident, mais il nous a affirmé que c'était forcément une chaîne qui faisait des lacets sur l'autre mais sans tour et qu'il suffisait de remonter les ancres pour que ça se défasse tout seul. Ce matin nous avons donc remonté les mouillages, le tour est forcément monté avec et il a fallu le démêler une fois qu'il était contre la coque. Pendant ce temps Michel gueulait que ce n'était pas un tour, c'était un tas, mais vous ne savez vraiment pas ce que c'est un tour ou quoi? Michel est en pleine forme, il gueule beaucoup et ça nous énerve un peu. Alors on gueule nous aussi, mais il nous engueule: "Mais articule quand tu gueules!" ou encore: "Il faut gueuler avec le palais et pas avec la gorge, sinon on ne comprend rien!" Bref, on se marre bien.*»

Il est vraiment gentil Michel: «C'est pour leur faire plaisir que je gueule un peu.»

«N'est pas jésuite qui veut», dit Maurice.

Illustration: «*Quand le* Rara *a été réparé à Las Palmas en 1996, Jaouen, m'utilisant comme interprète auprès du responsable des travaux qui parlait un anglais barbare, faisait exprès de ne pas comprendre ce charabia afin de mieux contrôler la situation.*»

Devant l'ampleur de sa tâche, un journaliste lui demande: «Vous n'êtes jamais fatigué?» Réponse: «Je me couche tous les soirs parce que je suis fatigué!»

Nous venions d'embarquer à Ponta Delgada aux Açores, il repartait le lendemain pour la France, je lui reprochais de nous abandonner: «Mais vous aussi vous partez, je ne vais pas rester sur le quai!»

Aux baraques, Gérard était censé chercher du travail sur Internet: il passait beaucoup de temps sur l'ordinateur, avec peu de résultats. Michel est allé voir et n'a trouvé que des investigations sur des sites pornographiques. Gérard s'est défendu: «Ah non, ce n'est pas moi!» Cet après-midi-là, ils n'avaient été que deux à utiliser l'ordinateur. Conclusion: «Ah? C'est moi, alors...»

Il est à la passerelle dans sa position favorite, avant-bras posés sur le bout en travers du plafond, il discute avec quelqu'un. Il tourne le dos à la porte. Le bateau est à quai, un équipier annonce des visiteurs:

«Michel, il y a des gens qui veulent te voir.

– Oui, eh bien, ils me voient!»

Il va se retourner, être aimable, mais c'est agaçant cette rhétorique ignacienne.

Franchement, ce n'est pas facile d'en trouver la parade linguistique. Ils ont l'entraînement à la Compagnie de Jésus et ils sont têtus. Il faut employer d'autres moyens pour gagner la partie. Des petits malins y arrivent parfois. Alors que tout le monde avait été malade à bord, Michel était en plein déni d'intoxication alimentaire: «Mais enfin, c'était qu'un coup de froid!» Surprise, le lendemain il a trouvé ses ouailles bien chaudement vêtues autour de la table: «On craint les coups de froid Michel.» Évidemment, ça se passait en mer des Caraïbes.

Mais attention! Le langage des signes, il connaît aussi et il peut vous en remontrer sur le sujet. Alors que le *BE* sortait de l'aber, les équipiers essayaient en vain de se faire comprendre d'un bateau anglais qui rentrait, pour savoir s'il y avait du brouillard en mer: «*Is there fog? Mist? Haze?*» Peine perdue. Michel n'a fait qu'un geste de la main, pouce baissé. Compréhension immédiate des amis d'outre-Manche, qui ont opiné du bonnet. Vérification faite un peu plus tard, il y avait bien du brouillard en mer.

C'est normal pour un jésuite d'avoir le don des langues.

On est en pleine Pentecôte au supermarché de La Corogne, quand Michel s'adresse en latin au vendeur: «*Lacta?*» En moins de deux, on se retrouve devant le rayon lait.

Il y a aussi les pieux mensonges. Pour éviter de rembarquer un passager vraiment indésirable – eh oui, ça arrive qu'il y en ait –, après épuisement de tous les arguments contre-publicitaires – le voyage sera trop long, inintéressant, sans escale, tout au moteur –, si l'emmerdeur n'est pas découragé, il s'entend dire finalement: «Ah! Mais au fait, il y a un groupe constitué à bord, ils ne veulent personne d'autre.»

Michel a de la voix, c'est sûr. Edmond en frémit encore de cette voix, entendue au Cap-Vert, quand des médicaments avaient disparu de la pharmacie: «Il a piqué une colère, que les membrures en ont tremblé!»

Mais il n'est pas si bavard que ça. Journal de Maurice: *«À bord, Jaouen est discret, la plupart du temps à la passerelle, donne des instructions ou lit un quelconque bouquin et s'endort dessus. Au repas, il se tient en bout de table, part le premier après être arrivé le dernier de telle sorte que sa présence passe inaperçue.»*

Un ancien équipier a eu cette formule: «Michel est un homme de parole sans être un homme de paroles.»

À ses anniversaires, il ne risque pas de faire des discours. D'ailleurs, personne ne lui en réclame. Il se prête volontiers aux interviews des journalistes si c'est pour exprimer ses idées. Mais si c'est pour du *people*, ils vont en être pour leurs frais. Certains sont mal, voire grossièrement reçus. Je l'ai interrompu un jour dans une conversation avec l'un d'eux pour lui dire au revoir. Celui-ci en a profité pour s'écarter un peu et passer un coup de fil. Sans se préoccuper de sa proximité, Michel m'a dit: «Tu vois, celui-là, il me fait chier, je lui ai dit et il est encore là!» Moi, j'étais un peu gênée...

Vlad, un journaliste russe, était monté à la passerelle avec une stagiaire qui voulait bien servir d'interprète en anglais. Michel lui a dit: «Donne-moi une feuille!» Dessus, il a écrit: «Google». «Tiens, dis-lui de taper "*Bel Espoir*" et il saura tout.»

La façon de parler est brusque, sans fioritures, quand il s'agit d'être efficace. Il ne faut pas se formaliser du «On se sert et on dégage!» au buffet de midi sur le pont.

Michel ne va pas user sa patience avec le cas qui ne lui semble pas la mériter. «Fous le camp!» dit-il au gosse de riche qui persiste à se comporter comme un enfant gâté.

Mais je l'ai vu parler longuement, avec douceur, à une jeune femme qui avait mis sa main dans la sienne. Et Aurélie se souvient de Bruno: «Avec Bruno, Michel a été génial, il l'a pris sous son aile, c'était la mère avec l'oisillon qu'elle pousse à sortir du nid. Il lui a beaucoup parlé, il l'a vu s'ouvrir et s'épanouir pendant la traversée. Quand il y a eu l'épisode Miami (Bruno a été renvoyé en France par les autorités, accusé de recel de drogue) et qu'il a disparu à son retour, Michel s'en est inquiété. D'habitude, on attend qu'ils rappellent mais là, il a dit qu'il fallait se renseigner auprès de l'hosto. Il a rediscuté avec lui, lui a dit qu'il n'était pour rien dans cette histoire, lui a suggéré d'avoir un rythme de vie plus sain avec des horaires, lui a donné du jardinage à faire sur le terrain. Alors, il a souri à nouveau...»

L'homme politique bien calé dans son fauteuil parlementaire peut pratiquer la langue de bois, il ne risque pas de voir l'eau monter sur la moquette. Le marin dans la manœuvre, lui, est bien obligé d'avoir un franc-parler; l'eau pourrait monter sur le pont. Ce n'est pas la peine d'aller chercher plus loin. Sur terre et sur mer, Michel possède une liberté de ton qui dérange, qui bouscule, qui plaît par sa sincérité, qui convainc, qui guérit.

Dans les années cinquante, la tradition missionnaire de son ordre l'avait conduit sur les routes de France. Son but était d'attaquer de front les préjugés sur la jeunesse délinquante en portant la bonne parole dans les paroisses reculées. C'est-à-dire qu'il assénait quelques vérités aux dames patronnesses bien-pensantes malpensantes venues l'écouter – déjà frissonnantes à l'idée de rencontrer l'aumônier de Fresnes, de Fresnes vous vous rendez compte ! Sans ménagement, il les confrontait aux situations locales, les leurs. Il dénonçait les injustices criantes – ces jeunes ouvriers et ouvrières exploités de l'usine d'à côté –, démontait le mécanisme de la délinquance jusqu'à en faire apparaître la source. Les nantis du coin, qui se croyaient victimes, se découvraient coupables ou du moins responsables. La flamme du « curé révolutionnaire » se répandait, les jeunes venaient aux conférences parce qu'il les défendait. Il concluait par la projection du film de Buñuel, *Los Olvidados*, pour démontrer que le problème était universel.

« Qu'est-ce que je racontais à mes auditeurs ? Mon baratin classique habituel : que ces jeunes qui défrayaient un peu partout la chronique n'étaient pas des monstres, que s'ils en étaient arrivés là c'est qu'un grave, un crucial problème social existait déjà. Qu'il ne s'agissait pas de se voiler la face, mais d'analyser le problème réel en profondeur. Ces conférences avaient pour but d'améliorer la situation de ces pauvres mômes, de faire connaître au public leurs cas douloureux et la crise de la société sous-jacente que leur comportement révélait. »

Alors voilà, la voix est multiple, celle du tribun, celle du père, celle de l'ami, celle du capitaine…

On ne va pas s'en plaindre, qu'elle soit puissante, quand elle abolit la distance entre le quai et le bateau, retour de transat, pour annoncer la bonne nouvelle : « Camillou a eu sa licence ! » Ça traverse l'air, ça fonce au-dessus de l'eau, ça atterrit sur le pont dans l'oreille de celle qui est concernée et dans toutes les oreilles, qui peuvent toutes se réjouir avec elle.

On ne va pas s'en plaindre, qu'elle prenne le relais de la nôtre, bien trop faible dans le tumulte d'une arrivée, pour repérer l'enfant qu'on est impatient de retrouver.

Et si la voix de Michel, c'était celle décrite par Jack London dans *Les mutinés de l'Elseneur*: « *Une voix de marin, claire comme une cloche, aussi nette que l'orgue qui résonne, à la fois douce et forte comme devait être la trompette de l'archange Gabriel?* »

Surtout, surtout, ne pas perdre de vue cet enseignement: «***Articule quand tu gueules!***»

«Y'a pas de problème»

Le propriétaire d'un bateau hollandais arrimé près du Pont-Neuf à Paris, avait accueilli un jour Michel à son bord: «Ah! Michel Jaouen, je suis heureux de vous voir chez moi.»

Tandis que son invité entrait dans le carré luxueux, il a ajouté: «Moi, ici, j'ai des problèmes de pompes...» Ça tombait bien, Michel en avait aussi! Michel s'est emparé du sujet et s'est lancé dans un long développement d'études comparatives de pompes, les types de puissance, de pression, les marques diverses, les Baudouin ont plus de débit que les Amazon Warrior... tout en piétinant la très jolie moquette claire de ses grosses chaussures. L'hôte, subjugué, a oublié de répéter la fin de sa phrase, qui n'avait pas été entendue: «Il faut les enlever.»

C'est Jacky le Marin qui avait introduit Michel auprès de ce riche Hollandais. Jacky le Marin n'avait de marin que l'habit et une foule de traversées imaginaires. Son navire était une camionnette dans laquelle il sillonnait le Paris des bonnes adresses, où il faisait une amitié d'enfance de chaque rencontre. Il s'était fait arrêter un jour par les flics, alors que sa camionnette était pleine de couronnes en perles récupérées dans les cimetières. Il leur avait dit: «Écoutez, vous voyez mon âge, je vis dans la camionnette et si je dois mourir, j'aimerais autant avoir des couronnes d'avance.»

Ce pragmatisme ne pouvait que plaire à Michel.

«Problème» a un synonyme: «solution».

Le *Bel Espoir* prend l'eau? Les trente-cinq paires de bras n'ont qu'à se relayer à la bringuebale, en attendant mieux. On ne va pas arrêter le bateau pour ça!

Deux bateaux à voiles peuvent causer beaucoup de soucis de moteur! Heureusement, les deux René en savent quelque chose, on vient toujours à bout de la mécanique récalcitrante. Ils ont été largement mis à contribution pour trouver des pièces, réparer... L'erreur a été, pour l'un, de dire qu'il était mécanicien, et pour l'autre, métallurgiste. Mais ils sont loin de regretter ces années d'amitié avec Michel, forgée en actes bien plus qu'en paroles. Ce qui les avait amenés à bord? Pour l'un, un rêve d'enfance: le cousin Baptiste était marin, il lui avait fait un petit trois-mâts dans une bouteille et tous les tatouages sur son corps racontaient la planète au petit émerveillé. Pour l'autre, la curiosité de ce vieux gréement basé au Havre à l'automne et qui, mystérieusement, disparaissait le reste de l'année.

Ils n'en sont plus descendus. Le téléphone sonnait: «Tu ne voudrais pas venir? Parce qu'on a des problèmes mécaniques...» Un René voulait toujours. Même si «venir», ça pouvait être à Camaret, au Québec ou aux Açores. René partait, avec caisse à outils et injecteurs dans ses bagages.

La voiture laissée en Martinique, comment on fait quand on la retrouve l'année suivante ? C'est simple :

– enlever l'arbre qui a poussé à travers son plancher ;

– la débroussailler ;

– maquiller le tableau de bord avec du contre-plaqué ;

– allumer l'interrupteur qui pend à des fils ;

– elle redémarre. On peut décemment aller chercher à l'aéroport les clients un peu chics. On ne s'étendra pas sur le nid de fourmis qui avaient élu domicile dans le siège défoncé du conducteur. Un détail un peu irritant pour le postérieur.

Bien souvent, il suffit de demander plutôt que de se débattre tout seul dans son coin. Quand la reine d'Angleterre est venue en grand tralala sur les quais de Seine, elle n'avait pas du tout la vedette aux yeux de certains, qui ne voyaient que... la vedette des pompiers en train de la saluer de ses jets d'eau. Cette vedette-là avait les mêmes moteurs que le *BE* et donc sûrement des pièces de rechange... Avec gourmandise, la question a été posée. Justement, elle allait être réformée et partir au Domaine. Le général de brigade a bien voulu qu'on la démonte et les pièces ont rejoint le *BE* aux Antilles.

Il faut juste parfois un peu forcer la main des mécènes pour se sortir des difficultés financières. Il y a eu des périodes de vaches très maigres à l'AJD. Beaucoup de ténacité, un peu de culot et les bateaux naviguaient envers et contre tout. L'idéal aurait été de récupérer les moteurs complets de la fameuse vedette. Mais entre-temps, elle avait été vendue. Le nouveau propriétaire voulait bien les céder, pour une somme beaucoup trop rondelette. Au cours d'un repas, un éditeur a alors suggéré à Michel d'écrire un livre. Il ferait une avance qui permettrait d'acheter les moteurs. Marché conclu ! Sauf que les moteurs ont été achetés et le livre n'a jamais paru ! L'éditeur résigné a simplement dit que si un jour il y avait un livre, il lui donnerait pour titre *Les deux moteurs*.

La débrouillardise trouve vite la parade aux petits tracas domestiques. Des amis indélicats, à qui Michel avait prêté « La rue Saint-Denis » (son bureau logement à Paris), étaient partis avec tous les meubles : « Ce n'est pas grave, je vais aller à Drouot. » Il y a trouvé bureau, chaises, canapé… Le lendemain, il a pris Mounie à témoin : « Vous voyez, certains s'embêtent à se meubler, moi j'ai trouvé un canapé-lit, je l'ai ouvert, il y avait même les draps, l'oreiller, la couverture, tout ! »

L'habillement n'est pas un souci non plus. La malchance a voulu que le jour où il était sur le bateau hollandais, Michel ait des chaussures. Souvent il les perd ou, par distraction, les oublie.

Il était à l'aéroport de Miami, accompagné de Mounie. Il partait pour le Canada. Parce qu'il était pieds nus, on lui refusait l'embarquement. « Allez me trouver une paire de chaussures, n'importe quoi ! » Mounie est revenue bredouille, pas une seule paire de chaussures dans les boutiques ni dans les placards des femmes de ménage. Michel parlementait pendant ce temps au comptoir avec l'hôtesse, aussi belle que confuse : « Je voudrais bien vous "border" mais je ne peux pas, la législation ne le permet pas.» Mounie a eu alors une idée de génie: «Eh bien prenez mes chaussures!» Ravissantes, les minuscules ballerines bleu ciel et rose! Il les a mises comme il a pu au bout de ses pieds, a tendu son billet, passé le contrôle, fait trois pas, les a fourrées dans sa poche et a embarqué. La suite de l'histoire? Il a débarqué pieds nus à Montréal, a pris un taxi pieds nus pour aller chez des amis qui l'attendaient. Il n'a eu que trois marches d'un perron enneigé à gravir avant d'entrer dans une maison bien chaude, et quand l'amie lui a ouvert la porte, elle était... pieds nus! «Tu vois, j'étais bien dans le ton!»

Suzanne raconte l'effarement des clients du grand hôtel new-yorkais où elle travaillait, quand cette espèce de clochard va-nu-pieds traversait le hall pour lui faire une petite visite. Je me demande si c'est son aplomb ou sa célébrité qui faisait qu'on ne le jetait pas dehors.

Quand il faut être présentable pour un rendez-vous important, la solution se trouve rue de Grenelle, chez les jésuites, où une sœur tient une sorte de vestiaire.

«Vous avez besoin de quoi?

– ***Je vais voir un ministre.***»

Une fois habillé, il se tourne vers Mounie en se frappant la poitrine: «Regardez! Quand je pense qu'il y a des imbéciles qui font des pieds et des mains pour l'avoir, et moi je l'ai sans l'avoir demandée!» Il s'agissait de la Légion d'honneur du pauvre jésuite qui venait de mourir...

Il manquait les chaussettes, mais le ministre n'aurait sûrement pas les yeux sur son bas de pantalon. Michel est d'ailleurs revenu les chaussures à la main, car elles étaient un peu trop petites.

Beaucoup de pieds nus courent sur le quai de Mindelo pour voir le bateau accoster. Sao Vincente au Cap-Vert. La dernière escale avant de virer à l'ouest. Celle qui bouscule les esprits. Les précédentes – Lisbonne, Madère, les Canaries – avaient un parfum d'exotisme pas dérangeant. À Mindelo, passé l'enthousiasme de l'arrivée dans la grande baie, de la beauté des paysages et de la gentillesse des habitants, c'est le choc de la réalité du dénuement. La poussière teinte d'ocre les montagnes; le bien le plus précieux, l'eau, manque cruellement. Dans ses déambulations indécises, le touriste croise la misère, la vraie, la misère tangible qui met des guenilles sur le dos et la faim au ventre. Alors, il relativise sa propre misère.

Michel a loué un bus pour la découverte de l'île. Les équipiers ont sorti de la cale les sacs de vêtements que le curé distribuera et des médicaments pour l'hôpital. À la place, ils ont embarqué les fameux biscuits du Cap-Vert. Ils sont aussi durs que ceux de Charcot sur le *Pourquoi pas*, mais ils remplaceront efficacement le pain au petit déjeuner quand le frais manquera.

Pierre le cuistot ne trouve plus sa grosse gamelle... Elle a été volée, pas de doute! C'est embêtant, mais on ne va pas crier au voleur, alerter la police, on voit bien que ces gens n'ont rien. La rançon de la richesse est qu'elle fait envie, il fallait surveiller la batterie de cuisine sur le pont arrière, c'est tout. Nous sommes dans la consommation, ils sont dans la survie.

Non, vraiment, la gamelle disparue n'est pas un problème. Frédo est là, il est soudeur, il découpe une rondelle bien épaisse dans le tuyau de cheminée des machines et fabrique une gamelle à faire pâlir d'envie Obélix.

Mounie a été la première à savoir qu'il n'y a pas de problème. Elle en a surmonté tellement quand elle était la secrétaire de Michel. Vingt ans de « pas de problème ! »

Ils se sont rencontrés devant le foyer des Épinettes, lui sous un bus pourri qu'il réparait, elle, debout à côté, demandant à voir avec sa mère le curé avec qui son jeune frère Momo voulait partir en vacances. Elle était secrétaire à l'hôpital, gardait des enfants le soir, faisait des extras au BHV au moment des fêtes et voulait travailler plus parce qu'ils étaient nombreux à la maison. « Eh bien, je vous embauche ! » Elle a tenu quelque temps le bar du foyer à ses heures disponibles. Ils se sont perdus de vue, et retrouvés quand elle a su qu'il avait maintenant un bateau. Elle avait envie de changer d'air. « Eh bien, je vous embarque ! » C'est comme ça que Mounie a été des premiers voyages avec les drogués.

Le ministre de la Jeunesse avait promis des subventions pour le suivi des jeunes après les transats : « J'ai besoin d'une secrétaire ! » Mais que fait une secrétaire quand elle se retrouve avec juste un stylo entre les mains et un gros bateau sur les bras, quand le ministre n'a pas tenu sa promesse, que les comptes de son employeur sont catastrophiques et qu'il lui dit : « Si vous voulez être payée, il faut faire rentrer de l'argent » ?

Mounie a pris l'annuaire, repéré les placards publicitaires des grandes sociétés, frappé aux portes des comités d'entreprises. Ainsi sont nés les week-ends d'automne, où patrons et employés vidaient ensemble leurs estomacs dans la traversée aller-retour Le Havre-Angleterre mais renflouaient, au moins momentanément, les finances de l'AJD.

« Marie-Anne, Marie-Anne, tu me reçois ? »

Au bureau, Marie-Anne fait la girouette sur son siège. Un coup de vent du nord la plaque sur l'ordinateur ; un coup de sud, elle attrape un classeur dans son dos ; léger nordet, elle se penche vers l'autre écran ; le noroît la projette sur une pile de dossiers ; giration à l'ouest pour répondre au stagiaire qui cherche la bêche – elle est là à côté du photocopieur – ; plein est il y a l'ancien passe-plat qui donne dans la cuisine, si elle avait le bras assez long elle irait directement touiller d'une main la marmite tandis que de l'autre elle tiendrait le téléphone.

Ce matin, elle est passée chez Leclerc, elle a pris le courrier à la poste, déchargé son bus de la récup', fait un tri pour envoyer les fruits à la baraque du haut, mis de l'ordre dans le congélateur géant, prévu le menu du jour. Maintenant, elle étudie les lettres de motivation, répond aux appels, fait les comptes, vérifie les listes d'embarqués, démêle des situations conflictuelles, garde un œil sur la cuisine – un aller-retour pour encourager le cuistot néophyte –, prévoit un rendez-vous à la banque – Michel a encore perdu sa carte –, appelle le Cnasea – les dossiers des stagiaires traînent –, résout un problème d'avitaillement en fuel là-bas de l'autre côté de l'Atlantique, envisage le prochain planning des bateaux... Et encore, ce n'est pas le mois de décembre avec le mailing du journal et le départ de la transat!

Heureusement, Aurélie est là pour l'aider, secrétaire manuelle douée elle aussi.

«Marie-Anne, Marie-Anne, tu me reçois?» Ça grésille sur les ondes célestes, mais la voix domine. Venue du ciel. Enfin non, pas tout à fait. Du plafond seulement! Elle sort de la grosse boîte noire accrochée au-dessus des têtes: la VHF, précieux outil de communication de tous les marins. Le combiné est bien large pour que la main puisse s'y cramponner fermement quand ça roule et tangue dans les passerelles. Marie-Anne est sur le plancher des vaches de son bureau, mais la mer n'est pas loin. Par tempête, quand elle est haute, elle vient lécher le talus qui sépare le terrain des baraques de la grève. Et les embruns fouettent les vitres du bureau. Alors, c'est bien d'être relié à ceux qui se font secouer au large. Parfois simplement pour les entendre donner leur position, raconter le coucher de soleil ou la bonne prise à la pêche à la traîne.

«Oui, Michel, je te reçois.» Marie-Anne a tendu le bras et décroché. Il y a un petit savoir-faire dans le maniement de ce téléphone un peu spécial. Il faut appuyer sur un bouton quand on parle, le relâcher quand on écoute. Ça implique, pour la clarté de l'échange, qu'on ne se coupe pas la parole.

Marie Anne «reçoit» toujours Michel. En réalité, elle n'a pas vraiment le choix. «Il ne supporte pas que tu ne sois pas là pour répondre au téléphone. » Mais elle sait répondre avec une pointe de sécheresse si elle estime que c'est trop. Ou bien chez elle, à 11 heures du soir, quand il est aux Antilles : « Mais il le sait bien pourtant qu'il y a le décalage horaire ! » Alors elle n'est pas du tout loquace, plutôt laconique, et pendant quelque temps les appels se raréfient...

Même chez elle ?! En dehors des heures de bureau ?!

Oui, même chez elle. De toute façon, c'est là, entre un biberon et une conduite à l'école que son boulot de secrétaire a commencé. Il y avait eu une période de flottement au secrétariat après le départ de Mounie.

Marie-Anne, elle, venait de naviguer deux ans, embarquée comme cuisinière aux Antilles où elle avait rencontré Zykton. Leur fils aîné, Antoine, a fait ses premiers pas sur le pont du *Bel Espoir*. À la naissance du deuxième, elle est restée à terre.

« Un jour, Michel est venu à la maison, avant de partir en transat. Il m'a dit : "Tiens, je t'ai fait le transfert de courrier, parce qu'il faut bien qu'il arrive quelque part quand je ne suis pas là." Il partait pour huit mois... Et puis une semaine après, il est arrivé avec un fax et un téléphone, sans rien dire de plus. J'avais tout entre les mains pour gérer ce qui arrivait en son absence, en fait il a fait un transfert de bureau sans que je m'en aperçoive ! C'est comme ça que j'ai commencé à travailler avec lui. »

Et c'est comme ça aussi que le bureau a émigré de Paris vers l'Aber Wrac'h. Mais l'appartement à Paris a été conservé, Michel y réside quelques semaines par an et il sert de lieu de rencontre et d'hébergement pour ceux qui passent par la capitale.

Dès la création de l'AJD, dans les années cinquante, Michel avait emmené ses jeunes faire du camping dans le Finistère, à Landéda, où son frère possédait une ferme. Le temps d'un été, il faisait découvrir la mer à une centaine de délinquants envoyés par les tribunaux pour enfants. Certains d'entre eux, dès la rentrée, iraient en prison... Il raconte cet enfant qui pleurait parce qu'il n'y avait pas de décharge à explorer: « Ne t'inquiète pas, on va y aller à la pêche aux trésors, ici il y a des crabes, des poissons... » Et celui-ci qui n'avait jamais vu les étoiles: « C'est génial, toutes ces lumières ! » Cet autre encore qui était affolé par les marées.

Il avait acheté quelques bateaux au Domaine, un vaurien, un 505, un cotre de 9 mètres et surtout le *Bel Espoir* (le numéro 1), un ancien bateau-pilote.

En 1959, il s'est porté acquéreur de deux hectares de terrain à Pen Enez, sur le front de mer, au sortir de l'aber. Puis, en 1960, il y a déposé trois préfabriqués achetés au Domaine. Ils avaient servi à abriter la population brestoise après la guerre. L'une des baraques s'est envolée un jour de tempête, les deux autres ont été reconstruites en dur. Mais le nom de « baraques » est toujours resté.

Midi et demi. Le bureau est envahi. On veut des nouvelles des bateaux. Elles sont bonnes. *BE* et *Rara* naviguent de conserve, les marins d'à peine quelques semaines sont en train de devenir de vrais marins. Les copains du chantier restés à terre ont une avidité à les imaginer, à imaginer ce qu'ils vivront à leur tour dans quelques mois.

À la fin de la matinée, ils ont sauté des fourgons qui les amenaient du chantier. Ils sont sur les dunes de Sainte-Marguerite, la dernière portion de terre ferme. Ils regardent l'aber, le Guadalquivir de leur armada, ouvert sur l'immensité à explorer. Il n'y a plus que Stagadon, juste en face, qui interrompe la ligne infinie de l'horizon. Ils voient la houle qui vient du large, le vent secoue leurs chevelures. Les prémices de l'aventure sont là. Ils passeront eux aussi un jour la bouée du Libenter, dernière sentinelle avant la pleine mer. Ils auront quitté l'eau tranquille de l'ansc de Paluden, le cocon protecteur du chantier. Prêts à larguer leurs amarres.

Il est temps de se mettre à table. Ça se passe dans la baraque du bas, dans la grande pièce de l'autre côté du bureau. Les cagettes de légumes de la récup', dont le surplus sera distribué à des familles, sont entassées dans un coin.

La salle à manger est spacieuse, mais la cuisine, à une extrémité, ne l'est guère plus que celles des bateaux, avec la même énorme gazinière, des gamelles susceptibles de nourrir des ogres et un évier à deux bacs où on n'a pas pied.

Le couvert mis est assez éclectique. Les convives aussi. Par beau temps, on mange dehors sur l'immense table qui résisterait à un raz-de-marée. Les promeneurs du sentier côtier jettent un œil à la tablée. Ils doivent être un peu surpris. Surtout quand Michel est là et qu'il reçoit des visiteurs. Le cadre magnifique s'y prête, les plats sont abondants, la présentation soignée à rendre Bocuse jaloux, mais cette *garden-party* réunit une curieuse société. Les *dreadlocks* et les pieds nus, ce n'est pas le genre de l'officier de la navale. Lui, il est plutôt cheveux ras et mocassins. Il a l'air bien content d'être là.

On est allé chercher Kathya à la baraque du haut. Cette année, c'est elle qui tient le « cyberfruité ». Les autres années il y a eu des Audrey, des Charlotte, des Sophie... Parfois, la barmaid s'appelle Michel quand il a envoyé l'officielle prendre l'air. Vu que la centrifugeuse, il ne connaît pas trop, vous n'aurez pas de grands verres de jus de fruits artistiquement présentés, mais il vous fera l'article de toutes les glaces qu'il a dans son congélateur. « Allez, prenez, prenez ! »

Le cyberfruité est un cybercafé qui est resté cyber, qui est toujours *coffee* mais pas du tout *irish*, malgré son allure de pub irlandais avec ses tables basses et ses banquettes confortables. Boissons alcoolisées prohibées ! Les bouts tendus en travers du plafond ne sont pas là pour ceux qui auraient bu un peu trop. On s'y accroche par habitude, avec l'impression d'être en mer. Le bar est formé d'une demi-coque de bateau. Trophées et cadres rappellent qu'on est un peu pirates à l'AJD. L'ordinateur est bien là, dans un coin, disponible à volonté. Ce n'est pas parce qu'on en est encore à la marine à voile qu'on n'est pas moderne.

Une partie de la baraque du haut sert aussi de logements. La question ne se pose pas de savoir qui sont les locataires. On retrouve la même conception du rangement que dans les carrés d'équipage du *Rara* et du *BE*. À croire que ces cabines-là bougent aussi et que les vêtements tombent des étagères.

Kathya dévale le terrain pour rejoindre les autres. Timide et douce, elle est le petit elfe des lieux. Elle ne s'en est jamais beaucoup éloignée. Ses racines sont là. Grâce à Michel, elle a réussi à pousser. Rameau fragile dès sa naissance, parce que la drogue n'accordait à sa maman que de brèves rémissions, elle s'est appuyée sur sa famille adoptive pour grandir. Elle y a rencontré Fredo et ils ont uni leur désir de s'en sortir. Ils habitent une petite maison à Landéda. Entre deux emplois, Kathya donne un coup de main à l'association, c'est elle qui chaque année fait la mise en pages du journal destiné aux donateurs. Le chantier fait appel aux compétences de Fredo, qui vient de créer son entreprise de soudure.

Bertrand et Marie ont fait du jardinage toute la matinée. Un été, ils sont arrivés dans le coin avec leur camping-car. Curieux, ils ont bu un coup à la baraque du haut. Ça leur a plu. Ils sont revenus. Et ne restent pas les bras ballants.

Et puis, il y a aussi Christian, Monique, Andrée... Tous ceux, voisins ou non, qui donnent de leur temps pour entretenir la base de l'AJD.

C'est qu'on n'est pas dans un musée ici, même si on aime les vieux gréements. C'est un endroit bien vivant, où il y a toujours du mouvement. Aux baraques, on nomadise, on se sédentarise. Chacun, au gré de ses envies, de ses besoins, peut planter sa tente, son tipi, sa yourte, pour un jour, deux jours, ou plus. Ou profiter du confort de la coque retournée, véritable petit chalet suisse version marine. Ou jouir de la vue imprenable sur la mer depuis le «studio» enfoui sous les figuiers. On est toujours bien accueilli, pourvu qu'on ne joue pas les parasites.

Mais on est accueilli sans tambour ni trompette. Pas de comité d'accueil. Johnny, dont Michel aime bien avoir des nouvelles dans *Paris Match*, serait déçu s'il arrivait à l'AJD. Même en pétaradant sur sa Harley, sa rock attitude passerait inaperçue. Parce que des attitudes rock et pas rock, il y en a tellement ici que ça ferait ni chaud ni froid. Et des personnalités, il y en a beaucoup qui passent. Elles sont reçues comme tout le monde. Ni manières ni courbettes. Si, quand même! Michel met une chemise propre quand c'est une dame. Pour le reste, c'est l'ordinaire de l'AJD: invitation à s'accouder au bar, à partager le repas, admirer le paysage, monter dans la navette qui part à Stagadon...

Quatorze heures. Après la vaisselle, les gars et les filles retournent au chantier, Marie-Anne et Aurélie au bureau, les autres à leurs occupations.

Je me souviens de ce soir d'orage. Les nuées sombres envahissaient la terre. Mystérieusement, elles s'arrêtaient à la côte, comme si la mer résistait à leur menace. Les baraques étaient à l'orée des rayons triomphants du soleil qui illuminaient les crêtes des vagues. Alors j'ai pensé que ceux qui venaient là repoussaient derrière eux l'obscurité pour aller vers la lumière.

« Moi, vous savez, je bricole dans mon coin »

« Qu'est-ce que tu fais Michel ? »

Antoine a l'habitude de s'installer là, sur le toit de la salle des machines, entre le roof et la passerelle, quand il a décidé de s'atteler à la révision méticuleuse d'un moteur de Zodiac ou d'un groupe électrogène.

« Et qui a laissé traîner ce marteau ? »

Aïe ! Qui n'a pas rangé ce marteau à sa place dans l'atelier ? Non, Antoine n'est pas maniaque, il est organisé. Il est l'auteur de ce curieux tableau de silhouettes, esquisse dissimulée – lorsqu'aucun des éléments ne manque – d'un bas-relief composé d'outils.

À côté du marteau, il voit sous les doigts de Michel un éparpillement de boîtiers, rouages dentelés et petites vis... « Je répare ma montre. »

Aux baraques, Pierre avait coutume de dire : « Quand Jaouen arrive ici, il casse. »

Pierre, lui, avait de l'or dans les doigts. Mais ses multiples talents se seraient peut-être dispersés comme autant de poussières dans le néant, si un hasard de sa vie chaotique ne les avait mis un jour sur orbite.

L'orbite de Michel. Il en était le satellite. C'est ainsi qu'il se désignait lui-même.

Il avait eu une enfance dorée sur la corniche de Marseille. Il avait été le petit garçon joyeux d'un père sculpteur et d'une mère psychologue, entouré de six frères et sœurs, avec un grand-père capitaine au long cours, passionné d'animaux d'Afrique. Il avait partagé les jeux insouciants des camarades de son âge, dans les bois d'oliviers et sur les plages de la Méditerranée.

Mais il avait dû grandir trop vite à la séparation de ses parents, et la révolte s'était installée en lui. La vie était devenue compliquée et les chemins obscurs. Pierre aurait intitulé ses mémoires inachevés: «La liberté de l'ombre».

De quoi était faite cette ombre? Était-ce celle, projetée sur ses dons de styliste, des milieux de la haute couture où, pour être reconnu, il fallait séduire et se vendre? S'agissait-il d'un anticonformisme forcené puisque, tout petit, ses repères avaient été brisés? Ou bien une marginalité provocatrice dans le recours à des substances illicites?

Il y a eu la rencontre avec Michel, les premiers voyages «avec les drogués» et la révélation d'un bosco hors pair sur le pont du *Bel Espoir*. Alors, il n'a plus jamais vraiment quitté la mer. S'il était à nouveau happé vers des terres où il s'embourbait, il revenait toujours au rivage. Celui du Havre, quand le *Bel Espoir* s'ancrait à l'automne au bassin de la Citadelle: il y a retapé un bateau, dont il a fait à la fois un atelier de couture et un restaurant. Celui des Anses-d'Arlet en Martinique, où le *Bel Espoir* arrivait chaque hiver: il y a ouvert une école de danse, a cousu shorts, vareuses et hamacs et satisfait aux envies de petites robes des dames. Et enfin celui des dunes de Sainte-Marguerite où Michel revenait chaque été, son dernier port d'attache: il réparait les voiles des bateaux, il s'est occupé de l'aménagement des baraques, a conçu et tenu le bar de celle du haut, il s'est improvisé paysagiste et jardinier pour donner au terrain un air accueillant.

Le 1er août 2005, on a cru entendre encore une fois son rire dans le clapotis des vagues autour de la bouée du Libenter, au sortir de l'aber. Un dernier rire tendre et moqueur, parce que Michel, penché sur la lisse du *Pourquoi pas*, déposait maladroitement l'urne de ses cendres sur l'océan. Il avait fait cette ultime demande avant que la maladie, causée par ses dérapages, ait eu raison de lui.

À en croire Pierre, il ne faut pas confier à Michel la tâche d'allumer un feu. En revanche, nul doute qu'il sache l'éteindre! Comme le raconte Hubert de S:

«*Le feu à bord!!!*

Un retour d'Angleterre ou des anglo-normandes par un fort vent de sud-ouest... Une voilure qui avait été réduite à la tombée de la nuit. Je prends mon quart vers minuit, après deux bonnes heures de duvet bien chaud, dans une gîte bien confortable. Le contraste au débouché du pont était saisissant... une mer grise bien formée et déferlante... et notre bon bateau qui chevauchait comme un postier breton ce champ mal labouré.

Le temps d'une "moque" de thé bien chaud... attrapée au vol dans un coin de la passerelle.

Le spectacle était magnifique: ces voiles gonflées éclairées par une pleine lune, ce pont incliné, laissant échapper l'eau par ses dalots, et la proue du bateau, et son bout-dehors se déplaçant sur le fond du ciel avant de charger au nouvel assaut de la vague. Le bateau s'immobilisait dans un grand tremblement et repartait de plus belle dans un jaillissement d'écume.

Debout à la passerelle, je contemplais ce grand spectacle, vaguement inquiet de ce vent qui ne semblait pas faiblir. Le moteur tournait tranquillement pour permettre à Bel Espoir *de garder un cap nous permettant d'atterrir sans tirer de bords.*

Au milieu de cet opéra fantastique, tout à coup, une grande lueur du côté du moteur et des flammes sortant de la descente... Le feu à bord, panique ancestrale de tout marin, venait de se déclarer et une boule d'angoisse de se nouer rapidement dans ma poitrine, comme un étau.

Je descendis quatre à quatre réveiller Michel, à qui je déclarai tout de go: "Le feu dans la machine!" La réaction fut incroyablement rapide. J'étais à peine en passerelle que Michel apparut, quasi nu dans cette bourrasque d'hiver, armé d'un extincteur rouge.

Son audace était incroyable. On le vit emprunter la descente, arrosant l'ennemi de droite, de gauche, et ne ressortant de la fosse qu'après avoir terrassé le dragon!!!

Le trop-plein de gasoil, compte tenu de la gîte, se déversait sur le moteur, brûlant des litres de liquide qui s'enflammait aussitôt. Inutile de dire que l'aura du "Père" avait encore monté d'un cran dans l'admiration que nous lui portions.»

Pas de caserne de pompiers au milieu de la Manche! Aucune aide, aucun secours immédiat à attendre de l'extérieur sur un bateau en pleine mer. Il faut agir. Être prompt à la réaction quand un événement survient. Et s'il y a de la casse, réparer. Vite.

Quand, dans le chahut du golfe de Gascogne, la commande hydraulique de la barre du *Rara* a lâché, il a bien fallu bricoler une commande manuelle pour que le bateau continue sa route. Tandis que sur le pont arrière, des équipiers se penchaient dans les rafales au-dessus de l'étambot, à la passerelle on bricolait aussi un mode de navigation : un coup de moteur tribord, un coup de moteur bâbord, et le cap était maintenu vaille que vaille.

L'humeur maligne du vent déchire les voiles, arrache les palans, brise les vergues. Il faut recoudre, refixer, rafistoler... Et ne compter que sur ses propres forces, avoir l'esprit d'initiative, de l'audace et la capacité d'improviser. Se satisfaire des moyens techniques dont on dispose. Alors oui, il faut être bricoleur quand les circonstances l'exigent. Michel donne l'exemple.

Dans ses mémoires, Hervé Bourges raconte : « *Il faut l'avoir vu au volant de son vieux car bringuebalant, toussotant, ronflant, cahotant, pour faire traverser la France à une troupe de jeunes indisciplinés et braillards qui découvriraient, à des centaines de kilomètres de leurs taudis parisiens, la beauté des paysages de la Savoie ou la perspective infinie de l'océan Atlantique, contemplé depuis les côtes bretonnes. Nul ne pouvait entraver la route de ce car guetté par les ferrailleurs, mais qui, de panne en panne, de moteur noyé en pneu dégonflé, conduisait sa caravane bruyante à bon port.* »

Ses armes en mécanique, Michel les a faites pendant la guerre.

Après son refus de partir au STO, il a voulu rejoindre l'Angleterre avec ses frères, depuis les côtes bretonnes.

L'entreprise était hasardeuse. Les plages étaient surveillées par les Allemands. L'embarcation, le vieux Doris familial de 5,5 mètres, possédait le moteur d'une 5 CV Citroën, « marinisé par bricolage local ». La pénurie d'essence ne laissait pas d'autre choix que de siphonner le réservoir d'un camion ennemi.

« Après avoir effectué des essais poussés de moteur sur un étang à l'intérieur des terres, nous sommes passés brutalement de l'eau douce à l'eau salée. Transition fatale. En effet, sur l'étang, afin d'obtenir un meilleur rendement, nous avions mis de l'avance à l'allumage, pensant qu'ainsi le moteur tournerait mieux en haute mer... Mais nous avions simplement oublié que, quelques jours plus tard, en mettant le bateau à l'eau de nuit, ce moteur serait froid... D'où des retours de manivelle imprévus et infernaux ! Allez donc régler cela en pleine action, sans bruit, dans une embarcation de quatre sous ! Essai après essai, nous avons cassé toutes les clavettes. Finalement, après nous être escrimés dessus jusqu'au jour, il n'y en eut plus aucune de rechange dans notre maigre stock de pièces détachées... C'était fichu. Notre escapade s'arrêtait là. La mort dans l'âme, il nous a fallu revenir sur la côte. »

Le moteur a été jeté à l'eau, le Doris échoué sur la grève et son équipage éparpillé dans la nature.

Les équipiers du *Bel Espoir*, qui tournaient un jour les bras ballants autour des nourrices vides du Zodiac, ne devaient pas connaître l'histoire. Écartés par un Michel excédé, ils l'ont vu s'accroupir, mettre le tuyau dans sa bouche et aspirer le mélange pour l'amorcer.

Faute de grands moyens, à l'AJD, on fait «avec les moyens du bord».

Mais on a l'art de repousser les bords. On est à l'affût des bonnes occasions. Quand on a besoin d'un fourgon, on ne va pas chez le concessionnaire, on va le chercher au Domaine. On court les ventes aux enchères pour ne pas rater le lot de machines bon marché qui équiperont le chantier. Si la faillite des uns peut faire le bonheur des autres... Quand une scierie ferme, on lui rachète son stock pour le transformer en bordés, enfléchures, planchers, portes... Jusqu'à «la récup'», la fameuse récup' de nourriture.

Certains patrons de grandes surfaces préfèrent donner plutôt que jeter leurs invendus. Plusieurs fois par semaine, un véhicule de l'AJD a le culot de se présenter devant la grille qui barre l'accès à la face cachée de la grande distribution. Là où les semi-remorques livrent au supermarché les palettes de denrées bien empaquetées, le fourgon AJD le délivre de cartons de produits éventrés.

Il s'agit d'abord d'aller trier les cagettes de fruits et légumes entassées près du local à poubelles. Ne pas craindre le contact visqueux de la feuille de salade pourrie; sauver le melon resté ferme de la contagion de son confrère ramolli; égrainer les grappes de raisin pour leur redonner une allure de fraîchement cueillies... On obtient ainsi quelques cagettes présentables et consommables.

Ensuite, il faut affronter Jeannette, la responsable des «appro» à l'arrière du magasin. S'enquérir auprès d'elle, sans être trop pressant, si par hasard il y aurait un peu de frais.

« Euh… Jeannette ?

– Oui, oui, il y en a, ça va arriver. »

Jeannette n'a pas que ça à faire.

Et ce chariot où les coquillettes se déversent sur la farine qui saupoudre le riz qui colle à la bouteille de shampoing qui écrase les paquets de biscuits, c'est pour nous aussi ?

On charge le contenu hétéroclite dans le coffre.

Entre-temps le frais est arrivé sous la forme d'un conglomérat de yoghourts cabossés, de petits-suisses à la fraise recherchant compagnons à la vanille, de pots de crème en deuil de leur deuxième couvercle, de tranches de jambon pliées en deux…

Quand on arrive à la base avec tout cet approvisionnement bricolé et qu'on l'étale devant Michel, il s'émerveille : « Eh bien, tu vois, on a là tout un petit marché. »

Peut-être que ça lui rappelle son juvénat à Villefranche, en 1940 ? Pour nourrir les enfants affamés par la guerre, il faisait venir des pommes de terre de Bretagne et frappait aux portes des fermes des Monts d'Or afin de récupérer des légumes et des œufs.

Et méfiez-vous ! Quand vous allez aux baraques, vous risquez d'en repartir les bras chargés de surgelés. Michel n'aura eu de cesse de vous emmener dans le container frigorifique. Comme il aura pris au hasard de l'entassement de boîtes, vous allez peut-être manger de la dinde désossée tout l'été. En tout cas, chaque jour, les gars du chantier sont bien nourris. Le cuistot fait des miracles pour composer les menus avec ce qu'on lui apporte. La débrouillardise est le dénominateur commun de l'AJD.

Michel est bricoleur.

Mais il ne fait pas du bricolage.

Ce sont les instances officielles qui en font. En 1960, déjà, il interpellait le garde des Sceaux: «Jusqu'à présent, tout ce qui a été fait reste du bricolage à retardement... Nous sommes depuis toujours à la remorque, derrière le problème, dépassés par les événements.»

Lui veut être au cœur des événements. Ni discours, ni promesses, mais des actes. L'administration se satisfait du face-à-face avec des dossiers. Michel exige le tête-à-tête avec les êtres. La circulaire ministérielle ne sauve pas le jeune en détresse, elle le noie plus sûrement que tout le reste. Il a besoin d'une aide directe.

Michel répare à grands coups de tangage, de roulis, coups de vent, coups de gueule. Et il œuvre dans son coin, pour avoir toute liberté d'agir, en dehors des lourdeurs administratives, sans avoir de comptes à rendre et en évitant l'écueil du coup d'éclat médiatique: «Chacun se donne bonne conscience avec le spectaculaire. Ce qui marche, ce sont les petites structures qui font tranquillement leur travail en profondeur et sur la longue durée.»

L'histoire ne dit pas si la montre a été réparée. Le *Bel Espoir* n'est pas commandé par le Grand Horloger. Il y a seulement à bord un artisan en tenue de travail, et son équipe.

« Dans la vie on tire des bords »

« Arrête de lire ces conneries, il y a un seul livre qui vaille le coup ! » dit en raillant le père Jaouen. Jean-François lisait tranquillement sur le ponton des Anses-d'Arlet. Il a bien cru que son bouquin allait passer à la baille. Quel livre valait mieux que Nietzsche ? Il a pensé à la *Bible*.

« Mais non ! Le seul valable, c'est *l'Almanach du marin breton* ; ce qui est important dans la vie c'est à quelle heure le soleil se lève, à quelle heure il se couche, et quand la mer est haute ou pas. » Quand on embarque, en mer comme dans la vie, il vaut mieux prendre les bons courants.

« Ils ont le vent dans le nez, le courant dans le nez », dit Zykton. Tous ces jeunes qui, au départ, n'avaient pas d'almanach...

Le *Bel Espoir* et le *Rara* quittent le Cap-Vert et entament la grande traversée. Dix jours de pleine mer. La voie de l'océan est large pour aller jusqu'aux Antilles et il n'y a pas de glissières de sécurité de chaque côté. Quelle est la meilleure route ?

Le *BE* a la prétention d'aller droit au but. Il opte d'emblée pour l'allure qui lui convient le mieux : vent arrière. Les alizés vont le pousser plein ouest. Ah oui ! Mais cela le fait passer tout près de Sao Antao et, en longeant la pointe de l'île, il est déventé. Avatar auquel il n'avait pas pensé. Ses voiles faseyent. Il roule bord sur bord. Il est pris dans la calmasse. Heureusement, l'ami Baudouin est là pour le sortir de ce mauvais pas. Un petit coup de moteur pour s'éloigner de l'île et, à nouveau, l'alizé porte. Baudouin a apporté son aide, il se retire, artimon, grand-voile, misaine, hunier, fortune, les flèches sont établies. Le *BE* espère maintenant tracer une ligne la plus directe possible jusqu'aux Antilles, le long du 14e parallèle.

Le *Rara* fait le malin. Il a su soi-disant choisir une route plus sud pour échapper à la calmasse. En fait, il n'aime pas du tout le vent arrière, il s'y sent mal. Par le standard C, les encalminés de la pointe lui rappellent qu'il ne vise pas le cap de Bonne-Espérance. « Vous inquiétez pas les mecs, on va virer. » Et à une dizaine de milles de Sao Antao, il empanne.

Ouest, nord-ouest maintenant, alizé tribord amure, allure grand largue. En remontant vers le nord il coupe la route du *BE*. Le lendemain, il empannera à nouveau et reprendra l'alizé bâbord amure avec une route sud, sud-ouest, toujours grand largue. Il se promènera ainsi entre le 16e parallèle au nord et le 12e au sud. Le *Rara* louvoie.

De jour en jour, les deux bateaux écrivent sur l'océan leurs lignes qui se coupent et se recoupent. Tantôt l'un devant, tantôt l'autre ; au gré de l'alizé variable, parfois plus faible et favorable au fin voilier *Rara*, parfois plus puissant et favorisant le *BE*, plus lourd. Ils se perdent de vue à chaque fois et se retrouvent quand ils se croisent.

«Regardez, ils sont là!» Joie d'apercevoir dans la nuit les feux vert et rouge des têtes de mât du fidèle compagnon de traversée, ou ses voiles blanches sur le bleu du ciel, ou autrefois le panache de fumée du *Rara*!

Les deux rejoindront leur destination commune. À quelques heures près, ils passeront ensemble l'îlot Pigeon à Sainte-Lucie.

«Le marin se fixe un point où aller, sans garantir qu'il n'y aura pas de dérive, mais toujours prêt à redresser le cap. Ce qu'il faut, c'est naviguer bien. Quand je pars de Brest pour aller en Martinique, je trace un trait sur la carte et je sais où je vais, et tous les jours on constate qu'on dérive à cause du courant, du vent, mais l'essentiel est de savoir où on est et de savoir où on va. On ne va jamais tout droit, on tire des bords, quand on dérive il ne faut pas paniquer, il faut revenir sur la route.

«Nous sommes dans la vie tous dans la même situation. Toute vie part d'un point vers un autre. On tire un trait: c'est ça la route. Ensuite on navigue à travers les événements. Avec de la dérive, des vents contraires... Il faut tirer des bords mais en sachant bien que la route est là, qu'on la recoupe toujours afin de la suivre mieux une fois les coups durs parés. ***Redresser la barre quand on a dévié du but qu'on s'était fixé. Oui, ce qui est indispensable c'est de revenir sur la route***», dit Michel.

Régis, Jojo, Marc, Bernard, Richard, Charlie... tous sur des routes sinueuses semées d'embûches. Comment franchir l'obstacle sans s'échouer, sans se perdre dans des chemins de traverse qui ne mènent plus nulle part, la drogue, l'alcool, la prison ? Comment contourner l'écueil qui se dresse brutalement et coupe la route ? Ils en auront donné des tours et des tours de barre, à droite, à gauche, comme Christian et Ludo quand le caillou avait surgi devant le *BE*, avant l'arrivée à New York.

« Tu le laisses à tribord et tu passes à gauche.

– T'es sûr que ça passe ?

– Oui, oui, t'as qu'à regarder la carte.

– Mais non, ça passe pas !

– ?????

– Alors ! Je passe à droite ou à gauche ?

– Continue ! À gauche ! Non, non, on fonce sur l'île ! Vire tout à droite ! »

Le *BE* était passé de justesse, en talonnant un peu, et il avait repris son cap, laissant le récif derrière lui.

La clarté de la nuit s'est ternie. Imperceptiblement, l'atmosphère a changé. À la passerelle, Jean-Paul a senti que le vent fraîchissait. Il a noté que la chute du hunier commençait à faseyer. Il flaire l'arrivée d'un grain qui peut être aussi violent que fulgurant. Le gréement risque d'être mis à mal si le vent qui a tourné et forci prend les voiles à contre.

Il demande au barreur d'abattre franchement. Il appuie sur le bouton « Appel équipage » : c'est le seul moyen d'avoir immédiatement six ébouriffés parés sur le pont.

« On va devoir affaler hunier et fortune.

– Tout de suite ?

– Tout de suite. »

Le *BE* n'abat pas assez vite, la fortune commence à prendre à contre.

«T'es disposé en machine?

– Oui, c'est OK.»

Jean-Paul démarre le moteur, embraye sans lui laisser le temps de chauffe, monte en puissance, le bateau est à nouveau plein vent arrière.

«Allez, on affale!»

Les équipiers sont à poste et exécutent la manœuvre.

Il n'y aura pas de casse. Le vent cessera son tohubohu, hunier et fortune seront à nouveau hissés et le *BE* retrouvera son cap.

Félix dit: «À l'AJD, on peut se permettre la manœuvre la plus nulle de la terre.» On a droit à l'erreur en somme. Il y en a eu des manœuvres nulles! Des empannages, des échouages... Et pourtant, jamais de catastrophes. Tout au plus des bômes brisées, des voiles arrachées et de belles photos! Même quand le *BE* avait rompu ses aussières une nuit de tempête à l'aber, il était allé sagement un peu plus loin se coucher sur le sable. Ces bateaux doivent avoir une bonne étoile. Il y en a une que Michel affectionne particulièrement:

«Quand je navigue, c'est l'étoile Polaire qui me guide.»

C'est ça qui importe, de rester tourné vers la lumière, celle de l'étoile, celle du phare, celle de l'espérance. On peut être perdu pendant trois jours dans la brume de Terre-Neuve, on finit par en sortir et elle est belle alors l'image du bateau pirate qui déchire le rideau et jaillit dans le soleil.

Il y aura d'autres brouillards mais, Michel en est convaincu: «Même si après le passage à bord il y a une rechute, cette expérience reste un point de repère, qui leur prouve qu'à un moment de leur vie ils ont été bien, comme tout le monde, avec la faculté de vivre en société, en relations normales avec les autres, sans être rejetés par eux.»

« Nous marchons avec les étoiles en permanence »

La nuit est tombée doucement...

Le bateau, tout le jour, a suivi le soleil dans sa course, mais ne l'a pas rattrapé. Le gros globe rouge s'est enfoncé dans la mer, ses lueurs se sont éteintes et le crépuscule a allumé les étoiles une à une. En contrepoint aux lumières célestes, les feux de pont, vert à tribord, rouge à bâbord, et la petite lampe qui éclaire le compas à la passerelle. Le reste du bord est plongé dans l'obscurité. Les pans du ciel se découpent au balancement des mâts. Une écoute se tend et se détend au rythme lent de la houle. En haut et en bas, tout scintille. Le plancton phosphorescent fait éclater le noir profond dans l'écume de l'étrave.

À la passerelle, le chef de quart et le barreur chuchotent plus qu'ils ne parlent.

Sur le pont circulent quelques silhouettes furtives. Accoudé à la lisse, on se sent aspiré vers l'immensité, on ne sait plus si derrière soi il y a quelque chose encore de l'humanité. On est absorbé par l'univers.

Étourdi et titubant, on rejoint l'escalier de la coursive pour retrouver l'habitacle étroit de la cabine. Depuis le cocon de la bannette, on écoute les bruits familiers, le clapotis de l'eau qui remonte de la cale entre les parois, le chuintement de la vague qui glisse sur la coque, les craquements du bois et le raclement de la poulie sur le pont. Tous ces bruits qui font le silence d'un bateau que la nuit n'arrête pas.

Hasta luego, laissez passer les enfants de la nuit, ils dorment et rêvent dans le gros ventre protecteur, bercés de ses tremblements et de ses vibrations. Dans leur sommeil, ils continuent leur chemin.

Hasta luego, il faut chercher le grand vent de l'oubli, le bateau laisse derrière lui, dans son sillage, leurs soucis et leurs peines. Demain sera un autre jour, où ils gagneront encore des forces avec le soleil, la mer et le vent.

« On vit avec la Création », dit Michel.

Les alizés gonflent les voiles, la montre ne commande plus le temps, la houle et le vent décident. Les orteils se crispent pour garder l'équilibre, les yeux sont éblouis, le vent caresse. Les éléments sont souverains, loin de la civilisation et de ses artifices. Plus de « vague à l'âme », la vague porte et soulève, le bateau bascule dans son creux mais se redresse.

Le frisson vertigineux d'un bain de mer en plein milieu de l'Atlantique quand on imagine tout ce qu'il y a en dessous... Le bateau est à la cape, l'échelle contre son pavois, mais s'il partait ? On ne s'éloigne pas beaucoup...

À l'arrière, le fil de pêche à la traîne se tend et un hurlement de triomphe accompagne la prise magnifique : une dorade de huit kilos !

Le soleil s'assombrit, il va y avoir un grain ! Vite, les savons ! Et c'est l'exultation d'une douche à l'eau douce, cadeau du ciel. Le pont devient la scène d'une gesticulation sauvage et les éclats de rire sont un hymne à la pluie.

Un cri de ralliement dans le filet du bout-dehors : le grand cirque des dauphins est arrivé ! Les spectateurs penchés sur la lisse ou accrochés aux enfléchures applaudissent.

Et l'émerveillement des premiers poissons volants à l'approche de La Barbade. Et...

Retrouver le goût de l'essentiel, mettre de côté le superflu. D'abord se nourrir des bienfaits de la nature. Les muscles durcissent à force de tirer sur les bouts, les peaux se dorent, les estomacs réclament. Ceux qui se détruisaient par l'alcool ou la drogue recouvrent la santé. Michel considère que c'est le plus important. Comment convaincre une « épave » que la vie est belle et digne d'être vécue ? Il faut se renflouer d'abord, se refaire des membrures solides, gonfler ses joues, se tenir droit. Quand le physique est rétabli, la confiance en soi revient. Les problèmes de fond ne sont pas résolus, mais l'énergie est là pour les affronter.

Pas de paradis artificiels à bord ! Il y a l'air marin pour s'enivrer ! La drogue, l'alcool, et même les substituts délivrés sur ordonnance doivent rester sur le quai au départ. Celui qui embarque le sait. S'il triche, ses provisions passeront par-dessus bord. Michel n'est pas un inquisiteur, il ne fouille pas les bagages, mais il a l'œil. S'il a des soupçons, il fait des rondes dans les cabines.

Tiens, c'est bizarre, il n'a rien trouvé dans celle de Bernard, pourtant il a un drôle de comportement...

Marcelle et Raymond ont une bonne surprise le soir en allant se coucher, il y a une sacrée odeur! Bernard, qui savait que Michel ne se permettrait pas de fouiller dans leur cabine, a planqué ses bouteilles chez eux, mais, pas de chance! l'une d'elles s'est cassée. Michel emporte les autres: «Elles pourront servir à l'occasion.»

L'occasion est parfois surprenante! Le *Bel Espoir* était encalminé au large des Bermudes, en panne de fuel et de vent. On voyait deux gigantesques cheminées de pétrolier à l'horizon. Michel a appelé à la VHF: «Vous ne passeriez pas dans le coin? On manque de fuel pour aller à New York et il n'y a pas un pet de vent.» Le pétrolier s'est approché et a balancé des fûts de fuel à l'eau, récupérés par le Zodiac. En échange, le *BE* lui a donné des caisses de champagne, lequel n'était pas destiné à la consommation du bord, mais à la promotion de la marque, à l'occasion de la fête de la statue de la Liberté. La marque n'a guère été promue...

Bouteille à la mer!

Pendant un voyage en Baltique, les jeunes sont exaspérés par ce couple qui pose sa bouteille sur la table à chaque repas. Ils mettent du vinaigre dedans une fois, puis deux et, pour finir, jettent la bouteille par-dessus bord.

Tiens donc, père Jaouen, d'où tu sors cette bouteille? De dessous ta bannette? Allez, il y a un événement à fêter...

Marc est en manque, il voudrait des comprimés et harcèle François. Il sait qu'il est médecin. Excédé,

François fait faire un vol plané théâtral à sa trousse à pharmacie au-dessus des vagues. « Tiens, va les chercher ! » Ce n'est qu'une ruse, il a gardé en secret l'indispensable. Mais comment Marc va-t-il tenir avec ce vide en lui qui se creuse ? Il tremble et s'agrippe à la lisse. Il regarde l'océan. Voit-il dans la houle son tumulte intérieur ? Dans la vacuité de l'horizon le désarroi de son abandon ? On n'a que ça à lui offrir ? Ce désert liquide ? Mais déjà, il est captivé par le spectacle de la mer, le mouvement toujours répété, jamais identique, de la vague qui enfle et ramollit, hérisse sa crête puis renonce à la colère. Il est transporté à l'extérieur de lui-même, il s'oublie dans l'instant présent. Son regard le guide vers tous les possibles dont est remplie l'immensité qu'il a sous les yeux. Il n'est plus dans la frustration, mais dans le désir et l'attente.

Michel dit que la mer est un grand, un formidable tranquillisant. Il ajoute : « Dans la drogue, les jeunes trouvent un monde merveilleux, alors si on veut les en sortir, il faut leur trouver un autre monde merveilleux mais réel, et le bateau offre ça. »

«Je ne regarde jamais dans le rétroviseur»

Oui, enfin, Michel, tu pourrais peut-être quand même regarder de temps en temps dans le rétroviseur quand tu es au volant !

17°23 N – 45° W. Le bateau file ses neuf nœuds sous hunier et fortune. La coque épouse la houle. Harmonie infinie du mouvement. Le vent n'a pas de sursaut. Les voiles semblent figées pour l'éternité dans leur forme rebondie. Curieuse sensation d'immobilité. Temps et distance sont des notions abolies. Un grand calme règne à bord. Chacun se conjugue au présent. Antoine, avec minutie, répare un moteur de Zodiac, Caroline écrit en suçant son pouce, Barbara frotte consciencieusement la cloche de bronze, Dominique et François sont absorbés dans une partie de scrabble, Pierre chantonne à la cuisine, les mains de Sergio reposent sur les poignées de la barre.

Soudain, il y a un bruit étrange et le bateau se met à vibrer.

Ça s'est arrêté aussi vite que c'est venu.

Tous les sens sont en alerte et les esprits s'ébrouent. Le moteur a été démarré ? On a heurté quelque chose ?

Un monstre marin nous a effleurés? C'étaient les ondes d'un séisme remontées des profondeurs?

L'équipage s'est précipité dans tous les recoins du bateau pour vérifier qu'il n'y a pas d'avaries. Tout va bien.

On se rapproche les uns des autres. Sans hâte. Et sans brusquerie, les langues se délient: réminiscences d'histoires de bateaux fantômes, de disparitions inexpliquées dans le triangle des Bermudes (on n'en est pas si loin...), de toutes les tragédies liées à la mer.

La grande mémoire de l'océan a surgi là, sur le pont du *Bel Espoir*. Et jusque tard dans la nuit, réunis dans le roof, ceux qui ne la possèdent pas écoutent passionnément les récits des marins. Dans *Les marins perdus* Jean-Claude Izzo écrit: «*La mer, on ne la découvre pas tout seul, on ne la voit pas qu'avec nos propres yeux. On la regarde telle que d'autres l'ont vue, avec en tête les images et les écrits qu'ils nous ont transmis.*»

Assis sur l'extrémité d'une table, Michel est au centre de l'attention. Au milieu des cafés et des tisanes qui circulent, il raconte.

Que disent les journalistes à propos de sa voix? «Voix fracassante», «voix de stentor», «voix tonitruante», «voix de tonnerre»? Ils ont oublié, ou peut-être ne l'ont-ils jamais entendue, la voix du conteur, pas celle du «jésuite fort en gueule», mais celle qui captive son auditoire par toutes les expériences vécues.

Marcelle est tout attendrie: «Quand il parle à ses ouailles, c'est émouvant.»

Solliciter Michel pour qu'il évoque des souvenirs? Sûrement pas. Il faut que cela vienne de lui, ou des circonstances. «Je suis de ceux qui regardent devant et non derrière eux, le passé ne m'intéresse pas.» Regretter le bon vieux temps? Quel bon vieux temps? Celui de son enfance heureuse, mais où il côtoyait la vie si rude de la campagne bretonne? Tirer les leçons du passé? Sans doute, mais est-ce que le ressasser éternellement n'empêche pas d'aller de l'avant?

«Je n'en veux pas de tes papelards, et ce que tu as fait comme bêtises ne m'intéresse pas, je t'embarque un point c'est tout!»

Max s'était présenté sur les quais du Havre. Il désirait tellement naviguer à nouveau. Il avait été dans la marine marchande, mais un casse l'avait envoyé en taule et depuis, il était interdit de rôle d'équipage. Il voulait présenter son livret maritime, expliquer...

«Si tu veux embarquer, tu embarques!»

C'est un principe de l'AJD: ne rien demander de leur passé à ceux qui franchissent la lisse. Seule compte la volonté de parcourir ensemble quelques dizaines, centaines de milles. «Inquisition», «enquête» sont des mots retirés du vocabulaire. Ils sont remplacés par «confiance», «foi en l'avenir».

On est souvent surpris, en arrivant à la base de l'AJD, de rencontrer des gens qui ont l'air d'être là depuis toujours. On les croit piliers de l'association, et puis on apprend que celui-ci qui donne gentiment des directives pour la peinture des barrots n'est là que depuis quinze jours, que celle-là qui répond au téléphone n'a jamais fait de secrétariat, et que cet autre à la cuisine a bien du mal à se défaire de son accoutumance au Subutex.

Marc fait le pitre. Il gambade sur le pont, saute comme un chimpanzé sur le toit du roof, bourdonne comme une abeille en sortant la tête à travers un hublot. Tout le monde rit. Il est heureux d'avoir un bon public. Et puis, quelque chose se détraque. On dirait le prophète fou de Tintin. Il hurle des anathèmes. «Monde absurde!» «Société du mensonge!» «Guerres, armées barbares!» Quelle détresse caches-tu, Marc, derrière ton masque de clown? Toi, le fils d'un militaire haut gradé qui a fait la guerre d'Algérie?

On ne fait pas table rase du passé. Michel: «Les conditionnements de l'enfance imprègnent toujours une partie du comportement.»

Il se manifeste de toute façon tôt ou tard: «La mer est un grand révélateur, même en ne tenant pas compte de l'héritage d'un gamin, celui-ci apparaît.»

Mais cela ne sert à rien de s'appesantir: «Il faut essayer de le débarrasser de cet héritage, en n'en tenant pas compte. Qu'il arrive à prendre de la distance avec ce milieu.»

Régis ne dit pas autre chose à Maurice qui a bien voulu fermer son livre pour l'écouter. Il en a tellement marre, Régis, des services sociaux qui le questionnent sur sa malheureuse histoire. Il se sent un peu plus catalogué après chaque entretien, pris au piège d'un passé qui ne lui ouvre pas d'avenir. Tout ce qu'il demande, c'est qu'on lui propose quelque chose. S'il livre à la bienveillance de Maurice sa souffrance d'enfant mal aimé, puis abandonné, placé en familles d'accueil, s'il lui avoue ses fugues et ses mauvais coups, c'est qu'il sait que son besoin de confidences ne lui renverra pas un regard de commisération et d'impuissance. Puisqu'il est à bord! Un stagiaire comme les autres! Et qu'on lui donne à tirer sur des bouts, recoudre des voiles et même barrer ce merveilleux engin flottant!

Un jeune ne se construit pas sur le rappel incessant de ses déboires et ses erreurs. À cette intime conviction, Michel déroge rarement. Une fois, pourtant... Il avait sympathisé à Fresnes avec un garçon qui avait été adopté par une famille de Neuilly. Élève intelligent dans un lycée privé, il avait néanmoins émaillé son adolescence de mauvaises actions, se spécialisant dans les vols de voitures. « En l'espace d'une nuit, il est devenu meurtrier. » Dès son arrestation, Michel a alerté la presse pour révéler l'histoire de Jean-Claude, enfant né en prison d'une prostituée et d'un soldat américain. Et *France Soir* avait titré : « Un chauffeur de taxi se fait tuer par un assassin né à Fresnes ». « On y racontait la vie de ce pauvre môme de façon à montrer comment un mauvais départ dans l'existence peut conditionner tout le reste, créant un cercle vicieux auquel il est difficile d'échapper. Je connaissais bien ce garçon, je savais qu'il n'avait pas agi dans son état normal. » À l'issue du procès, l'avocat a affirmé à Michel que son intervention avait sauvé la tête du coupable.

Des années après la guerre, l'aumônier de prison et le garde des Sceaux conversaient dans les couloirs de Fresnes. Le garde des Sceaux avait connu les geôles allemandes. Tout à coup, il dit à l'aumônier : « Ça fait quand même un peu froid dans le dos de penser qu'il suffit de si peu de chose pour se retrouver de l'autre côté de ces portes, du mauvais côté...»

«La guerre lui avait enseigné cette leçon-là, et même arrivé au sommet de la pyramide de la justice, il n'avait pas oublié.»

Michel dit qu'il n'a rien appris de la guerre de 14-18 qu'on lui a racontée. Mais de celle de 39-45, oui, parce qu'il l'a vécue. «Seule l'expérience du terrain donne les outils et les armes indispensables pour affronter les situations. Elle permet de comprendre le monde, et d'en nuancer correctement les valeurs.»

Et de l'absoudre aussi peut-être de ses faiblesses et ses erreurs.

En 1945, il a connu une période douloureuse, il a participé à l'exhumation des dépouilles anonymes qui avaient été jetées clandestinement dans des fosses communes. Donner aux morts une sépulture décente était nécessaire pour clore la guerre. Mais l'identification des corps révélait les mutilations perpétrées par les deux camps, collabos et résistants. Aux survivants qui craignaient des représailles, ils disaient qu'ils n'étaient là ni pour les juger ni pour les condamner. «Ils avaient torturé... Et nous, en quelque sorte, on effaçait l'ardoise. Notre rôle était d'en finir avec cette horreur, d'aider à tourner la page en mettant les morts à leur place, de permettre aux gens de repartir à zéro.»

«Je n'approuve pas qu'on ressorte toutes les vieilles histoires. J'aurais voulu les voir à l'œuvre, les inquisiteurs d'aujourd'hui. Si on ne clôt pas le dossier une fois pour toutes, c'est un engrenage sans fin, on ranime sans cesse la fange et la rancune. Et c'est surtout désespérer des gens, innombrables, qui ont fait une fois une connerie dans leur vie, de la leur ressortir, vingt, vingt-cinq ans après. ***C'est à croire qu'ils ne se sont jamais trompés de leur vie, ceux qui prétendent pouvoir juger des actes des autres.*** »

L'intérêt du passé réside dans les liens qui se sont noués. Dans la fidélité des anciens qui reviennent, avec leurs enfants et leurs petits-enfants. Dans la reconnaissance durable des gestes d'amitié et de soutien.

Le marchand de légumes qui donnait généreusement au moment de l'avitaillement des bateaux et payait parfois les notes de téléphone reçoit encore, bien des années après, des cartes postées aux escales.

En 1992, alors que le *Bel Espoir* était en cours de rénovation, Michel a demandé un jour à René du Havre: « Tu te souviens du coffre? On a perdu la clef, tu ne pourrais pas...? » Le *BE* n'était plus qu'une grande carcasse, vidée de toutes les parcelles de son âme primitive. René a pensé qu'il s'agissait d'un autre coffre... Il était loin d'imaginer que c'était celui qu'il avait fabriqué bien des années auparavant et qui avait été offert à Michel pour mettre à l'abri les papiers importants. Il avait tenu à le garder. René a trouvé une nouvelle clef chez un quincaillier et le vieux coffre, lorsque le *BE* a repris la mer, avait retrouvé sa place dans la cabine du commandant.

Surtout pas de nostalgie! Il faut aller de l'avant.

Michel retourne aux Épinettes avec un journaliste de la télévision:

« Père Jaouen, ça ne vous dérange pas que ce soit devenu un foyer de jeunes travailleurs ?

– Mais pourquoi pas ? C'est bien que les choses évoluent ! »

En souriant malicieusement, il désigne un jeune Malien courbé sur son tapis de prière : « Vous voyez, mon bureau s'est même transformé en mosquée. »

Si vous arrivez tôt aux baraques le matin, vous le trouverez en train de lire les journaux sur l'ordinateur. Le trampoline à côté du portique, c'est lui qui l'a commandé sur Internet, pour que les enfants aient un jeu de plus. Et si vous avez un peu de mal avec les SMS, demandez-lui, il vous expliquera. Toutes ces nouvelles technologies, « c'est quand même génial ». Surtout si ça aide à la communication : « Ton Dadou est en Irlande sur le *Rara*, tu veux pas l'appeler ? Mais tiens, j'ai mon portable, là ! » Il compose le numéro où on peut joindre le bateau, me colle son téléphone contre l'oreille avant que j'aie eu le temps de dire ouf.

Oui, on va de l'avant à l'AJD. On est dans l'air du temps quand cet air est porté par des vents sains. On est même précurseur. Il y a bien longtemps qu'il y a des toilettes sèches au chantier. Et celles de Stagadon sont encore plus innovantes, vous pouvez choisir votre vue si vous voulez !

Et vous pourrez témoigner qu'il ne pleut pas tout le temps en Bretagne, puisque la maison est alimentée en électricité par des panneaux solaires.

Par contre, il n'y a pas de service de camions poubelles sur l'île. Il faudra rapporter les sacs à terre, mais après un tri des déchets, les vôtres, et ceux rejetés par la mer sur la côte sauvage. Pour qu'elle le reste.

Ah oui ! Vous vous trouvez tant que ça à la pointe du progrès à l'AJD ? Alors, pourquoi vous avez supprimé les winchs sur le *Rara* ?

Parce qu'un type qui tourne une manivelle tout seul… C'est bien mieux de se faire les muscles à plusieurs !

Plus de winchs sur le *Rara* mais un gréement augmenté sur le *BE* : « Enfin, les gars, il manque une bôme de trinquette ! » Le chantier a été harcelé, pris au piège de l'enthousiasme de Michel. Et il l'a eue, sa bôme de trinquette. Pour ses 88 ans.

« Il ne fiche jamais la paix », dit Zykton.

« Moi aussi je suis handicapé puisque je ne chante pas l'opéra ! »

Jean Claude est de plus en plus nerveux. Visiblement, il a du mal à trouver sa place à bord. Il s'assied à côté de l'un, à côté de l'autre, essaye d'engager la conversation. Mais il a l'air d'avoir une grosse boule dans la gorge et ânonne des réponses. Son regard nous fixe et se détourne, les mots ne suivent pas. Il traverse le pont comme une marionnette désarticulée qui n'aurait plus personne pour tenir les fils.

Subitement, il fonce vers Michel : « Michel, il faut que je te parle. »

Mais il y a Jeannette dans son fauteuil roulant. Elle a fait signe qu'elle aimerait bien descendre s'allonger dans sa cabine. Michel entraîne Jean-Claude : « Viens, on va d'abord descendre Jeannette, tu vas me donner un coup de main. » Ce n'est pas une mince affaire, prendre dans ses bras le corps inerte de Jeannette, franchir marche après marche l'escalier étroit et raide, la porter dans la coursive dont le sol se dérobe et la déposer dans sa bannette d'où elle appellera pour qu'on vienne la chercher. Elle est tout sourire.

En remontant, Michel dit à Jean-Claude : « Bon, alors maintenant, allons-y, qu'est-ce qui ne va pas ? »

Jean-Claude regarde Michel: «Eh bien, rien, il n'y a plus rien...» Il respire à grandes goulées, il se dirige fermement vers le roof. Comme si chacun de ses pas était le privilège de la liberté de se mouvoir, chacun de ses pas un bonheur.

Michel ponctue toujours ses phrases de «voyez».

Je me dis que ce «voyez» est une invitation à regarder ailleurs, à regarder autour de nous et pas seulement en nous. À regarder bien, à regarder autrement. Relativiser nos propres difficultés en prenant conscience de celles des autres. Apprendre comme Jeannette à vivre avec notre handicap. Nous en avons tous, plus ou moins lourds. Valides et handicapés, nous ne sommes pas si différents les uns des autres.

Dans *Le Marin à l'ancre*, Bernard Giraudeau écrit à son ami paralysé: «*Tu ressentais pareil que nous, tu pleurais pareil, tu aimais pareil et personne ne le voyait. La différence fait peur à toi aussi. Tu l'as dit: "Je suis handicapé, le valide me fait peur. Je suis homme, la femme me fait peur... Si vous pouviez voir à l'intérieur de moi, vous seriez surpris de voir que c'est comme chez vous et qu'en rien je ne diffère."*»

Et puis, l'apparence importe peu. Et tout être humain mérite qu'on lui prête attention, qu'il soit chef d'État ou SDF. Pour chacun, fondamentalement, Michel aura la même attitude.

Il en va de même pour les bateaux: l'essentiel est qu'ils naviguent. Si d'aucuns trouvent que la peinture et le vernis laissent à désirer, il répond: «Ils n'ont qu'à nous en donner du vernis! Et à venir le passer eux-mêmes, ils seront les bienvenus!»

On sait qu'il n'aime pas trop les uniformes, mais quand même, il y en a un qui a eu parfois un côté bien pratique: la soutane!

Les prisonniers à qui il rendait visite le voyaient venir de loin: «Salut le curé!»

C'était son laissez-passer pour l'Élysée. Pendant la guerre d'Algérie, il y entrait «comme dans un moulin», alors qu'il y avait des menaces d'attentats dans tout Paris!

Lorsqu'il devait interrompre une de ses habituelles séances de mécanique pour régler une affaire urgente auprès d'un ministère ou d'un commissariat, il l'enfilait par-dessus les taches de cambouis, ni vu ni connu!

Un de ses anciens animateurs raconte qu'un jour, avant de lancer une série de taloches pour calmer quelques excités, il l'avait arrachée en faisant sauter tous les boutons: «Non, pas avec la soutane!»

Celui qui veut se cacher derrière son vêtement risque fort d'être mis à nu. On peut dire que Michel est lui-même très peu soucieux de son élégance. Ses pans de chemise lui servent à l'occasion de chiffons quand il fait de la mécanique. Au moins, il est sûr de les avoir toujours sous la main avant de les ranger dans son pantalon. Pourtant, Kathya se souvient que lorsqu'elle avait 13 ans, à l'occasion d'une escale, il lui avait acheté un pantalon et il lui avait offert en plus le collier hippy dont elle rêvait tant.

On l'avait pris pour son père. Il n'avait pas démenti, puisqu'elle n'en avait pas.

Les pensionnaires du foyer des Épinettes n'avaient pas décliné l'invitation à un bal costumé, tous frais payés par la presse, et Michel n'avait pas voulu les priver de ça. C'était le début des « blousons noirs », sujet de reportage idéal pour alimenter l'imaginaire populaire. Il fallait « le choc des photos ». Mais aux Épinettes, point de cuir rutilant. Qu'à cela ne tienne ! Les journalistes sont arrivés, pourvus d'espèces sonnantes et trébuchantes pour l'achat des déguisements. Les terribles délinquants ont filé aux puces. Affublés de leurs trouvailles, ils se sont prêtés allègrement à des prises de vue de vol de voitures – celles du foyer –, et de parties de poker entre bandes rivales – ils ne jouaient jamais au poker. On leur a laissé leurs costumes à la fin du tournage, ils avaient au moins gagné ça. Et les médias, définitivement, la méfiance de Michel...

On n'est pas forcément celui qu'on affiche, Michel le sait d'expérience. Pendant la guerre, il s'appelait Jean Lecœur. Sous ce faux nom, il a participé à la Résistance tout en étant surveillant d'internat au collège Saint-Grégoire de Tours. Quand le collège a fermé parce que la sécurité des enfants ne pouvait plus être assurée, il s'est joint aux équipes de la Croix-Rouge qui patrouillaient pour récupérer les blessés et les morts, victimes des bombardements. Il a trouvé que ce n'était pas si difficile d'usurper une identité, même si ça lui a valu quelques sueurs froides, comme cette fois où il avait rempli une fiche au nom de Lecœur tout en signant Jaouen devant l'officier allemand...

Il ne demande pas qui ils sont aux jeunes qu'il accueille. Ils sont là, c'est tout. «Aujourd'hui à bord des bateaux, il m'arrive de naviguer avec des gars dont j'ignore et ignorerai toujours le vrai nom.»

«Je suis cuisinier, avait dit Christian, mon père a un grand restaurant à côté de Paris.» Il y avait quelque fierté à dire que le cuistot du *Rara* était le fils de... Ça a duré deux ans. Quand l'occasion s'est présentée de féliciter les heureux parents, on ne l'a pas manquée. Dans le flot des compliments, les père et mère éberlués ont réussi à placer: «Mais, on n'a pas de fils!»

L'imposteur n'était déjà plus à bord...

Il y a eu aussi Clément, qui a travaillé un an au chantier. Pendant un an, il a été Clément. Finalement, un jour il a craqué et s'est rendu aux autorités. Clément, de son vrai nom Omar, était recherché par la police...

Dans les années soixante-dix, la mode des cheveux longs a mis du temps à arriver jusqu'en Bretagne. Les gens du pays n'en menaient pas large quand ils croisaient les jeunes du père Jaouen. Surtout les tignasses fournies. Forcément, ceux-là devaient être les pires, alors que les têtes rasées étaient peut-être de bons petits gars, malgré tout.

Les têtes rasées sortaient de prison...

Le *Bel Espoir* franchissait l'écluse de Saint-Malo: «Ma parole! C'est le *Bel Espoir*! Le bateau des drogués! Vous avez remarqué la tête des passagers? Vous avez vu les yeux qu'ils ont?»

Ce jour-là, l'École polytechnique était de sortie...

Petit conte des Caraïbes:

Il était une fois à Trinidad un homme très riche. Il possédait une très belle compagne de couverture de magazine, un garde du corps et un yacht. Avec beaucoup de superbe, il a demandé un jour à mettre son annexe à couple d'un vilain trois-mâts, le temps de faire ses courses. Il a fait bien attention à ne pas salir son costume blanc en le traversant. Il a pris le temps de faire étalage de sa personne à l'équipage dépenaillé et même condescendu à rencontrer le capitaine. Celui-ci s'est levé, lui a serré la main et lui a dit: «Eh bien, en tant que propriétaires, on va s'entendre, moi j'ai une île en Bretagne qui s'appelle Stagadon.» Alors, l'homme très riche s'est senti vaciller sur son piédestal et est parti sans demander son reste.

Stagadon, Enez Stagadenn, l'île reliée au continent, la Désirade des bateaux quand ils rentrent au bercail.

Depuis les baraques, on voit le liseré lumineux de la langue de sable qui ferme son lagon. À marée haute, plus de lagon, mais on peut débarquer sur la plage sans trop se mouiller. De là, on grimpe par une mini Chaussée des Géants sur le terre-plein devant la maison. Autrefois propriété de l'usine de goémon de Lannilis, l'île de Stagadon avait séduit un peintre, qui l'avait achetée. Michel était toujours venu sur l'île avec ses jeunes. Il a connu les derniers habitants qui vivaient en autarcie dans la ferme goémonière. Le nouveau propriétaire lui a concédé l'autorisation verbale d'y venir encore; puis, en 1984, lui a proposé un bail en bonne et due forme jusqu'en 2001: «*Le preneur versera pour prix de la location le 31 décembre de chaque année, à terme échu, un loyer de 1 F au bailleur. Ce loyer ne sera pas révisé.»*

La ferme tombait en ruine, une vision insupportable aux membres de l'AJD. C'est ainsi que les travaux de reconstruction ont commencé. Légalement? Illégalement? De détracteurs en défenseurs, les procédures ont suivi leur cours et pendant ce temps, la maison a retrouvé des murs et un toit. Au terme d'un procès, la municipalité a accordé le permis de construire... Et en 2001, Pierre B. a fait don de l'île à l'association.

Aujourd'hui, la maison peut accueillir vingt-cinq personnes. Son aménagement intérieur est identique à celui des bateaux, même si la vocation y est tout autre: celle d'une AJD agricultrice. Il y a un champ de pommes de terre, une serre, des poules, des moutons, un tracteur. Pour une somme modique, celui qui le souhaite peut aller dormir sur l'île. Les navettes et l'entretien des lieux sont assurés par le stagiaire volontaire pour ce boulot.

Aller à Stagadon, c'est déjà voyager. On quitte le continent. On fait une traversée de deux milles dans le chenal de l'aber. On a quatre hectares à explorer, de sable, de cailloux, d'herbe, de rochers. Pieds nus, c'est mieux. C'est un régal de marcher sur la lande élastique. Il faut juste bien rester sur les bosses, éviter les terriers de lapins, ne pas être trop délicat, des crottes collent parfois à la plante des pieds.

Sur la côte sud, on n'est pas loin de la civilisation, on voit la terre, les maisons; toutes sortes d'embarcations sillonnent le grand plan d'eau de l'aber. Sur la côte nord, la «sauvage», on est tout seul, loin, très loin du monde.

On se cale dans le creux d'un rocher, à l'abri du vent. Il y a les mouettes et les goélands qui piaillent au milieu des galets, les huîtriers pie et l'éclair de leur bec rouge. Il y a les gerbes d'écume qui éclatent sur le dernier îlot rocheux avant le large. Parfois, un petit goémonier, laborieusement, plonge son scoubidou dans la passe. Il semble être dans une lutte infinie contre la houle. Il a l'air bien seul lui aussi. On se croirait à Kerguelen.

Stagadon, île déserte.

Ne dites pas ça à Michel.

«Elle n'est pas déserte quand on y est!»

« Démerdez-vous pour être heureux ! »

Je crois bien que c'est une traduction d'un extrait du Deutéronome : *Tu choisiras la vie pour que tu vives.* Au moins, ça a le mérite d'être clair !

Des restes de goûters divers et variés jonchent la table du roof. Il n'est pas établi que l'équipe de ménage doive faire des rotations en accéléré pour faire place nette et pallier la négligence de quelques goinfres fantaisistes. Michel, en grande conversation avec Charlène, a trempé par mégarde son gâteau dans le pot de moutarde à couple de son bol de chocolat. « Tiens, mais goûte, c'est bon ! »

C'est un peu comme tomber du Zodiac dans l'aber en plein mois de janvier, à cause de la maladresse du conducteur : « Elle est bonne ! Je me demande pourquoi vous ne vous baignez pas plus souvent. »

Mauvaise foi dites-vous ? Non, simplement, Michel ne fait pas tout un plat des petits désagréments !

D'ailleurs, en parlant de plat, on n'allait quand même pas jeter toute la gamelle de purée à cause de ce point noir. Peut-être un cafard ? Partie à la pêche,

Mounie avait trouvé une branche de lunettes. Celle qui manquait à l'oreille de Michel.

Et quand une paire de lunettes, du même propriétaire, avait malencontreusement bouilli dans la machine à laver et que les verres avaient été retrouvés rayés au fond du tambour et les montures tordues au milieu du linge, rien de compliqué pour accéder au bonheur de voir à nouveau, même un peu flou : il suffisait de remettre les montures dans l'eau bouillante afin de les ramollir, de replacer les verres, de baigner le tout dans l'eau froide et voilà ! « Regarde, elles sont comme neuves. »

Après description au téléphone du comportement d'une des ouailles qui donne du fil à retordre et s'est fait un peu trop remarquer à une escale : « Il y a les flics et l'hôpital à bord, ça me distrait. »

Quel parcours du combattant la nuit pour aller faire pipi ! Les tout petits coins sont à l'autre bout du bateau. Faire glisser la porte de la cabine en équilibre sur un pied, car la vague a suspendu l'autre. Avancer en palpant en pointillé la paroi de la coursive faiblement éclairée, attention à la marche, elle est où cette marche ? Ah oui, là. Sympa la houle qui accompagne le levage de la jambe. Aïe ! la traîtresse, le talon revient trop vite au sol. Mais on y est, devant la porte. Main gauche agrippée au chambranle, la droite soulève le loquet et vlan ! Pour la discrétion, c'est raté, elle cogne un gros coup sur la cloison. Les petites affaires terminées, il faut pomper avec la manette du haut, vidanger avec celle du bas, repomper, le nez au-dessus de la cuvette. Au moins on n'a pas oublié de jeter le papier dans la poubelle prévue à cet effet. Satisfaction d'avoir respecté point par point le cahier des charges inscrit sur la porte, et le haut-le-cœur provoqué en soulevant le couvercle finalement n'est rien comparé au mal de mer dont il n'est qu'une vague réminiscence.

Le retour est beaucoup plus guilleret, insouciant.

Recueilli aussi.

C'est une promenade solitaire traversée d'émotions.

À cause de tous ces sommeils tranquilles dans les cabines, des respirations devinées derrière les cloisons. Elles sont lovées dans la grande respiration de la nature.

Et puis, de songer que seul l'ajustement de quelques planches de bois les protège de la masse des flots...

La tête est effleurée par le linge étendu sur des bouts en travers du plafond. Dans le carré, les orteils des endormis dépassent des banquettes. Le plancher est lisse sous les pas. Ça craque. Et c'est silencieux. Il y a tant de douceur dans l'abandon confiant de ce concentré de vie quand dehors tout est si vaste.

Mais arrêtez de vous plaindre des fuites aux plafonds de vos cabines parce que les prismes pour vous donner de la lumière ne sont pas étanches ! Collez un sac plastique et vos duvets seront secs !

Arrêtez de vous plaindre de devoir enjamber la table pour rejoindre la seule place restée libre dans l'angle du roof ! Un peu de gymnastique ne fait pas de mal !

Ah ! Vous trouvez que l'eau de l'osmoseur n'est pas bonne et vous préférez les bouteilles achetées aux escales ? Michel les remplit avec l'eau de l'osmoseur, tout le monde la trouve bonne ! Alors, bien content de sa bonne blague, il avoue la supercherie.

L'osmoseur est en panne, il faut restreindre la consommation. Quoi ! Fini les douches et les lessives à l'eau douce ? « Vous n'allez quand même pas me dire que vous manquez d'eau avec toute celle que vous avez autour de vous ! » Les vêtements sont juste un peu raides au séchage et les peaux salées.

Un jour, Michel m'a montré où il dort parfois aux baraques quand il laisse « le studio » à des invités : dans l'ancien roof du *Rara*, à côté du container frigorifique, derrière un amas de caisses de pêche et de tout un bric-à-brac.

« Je n'ai pas besoin de plus, un lit, je me couche, je dors, je me lève, je suis là. »

Pourtant si l'essentiel n'est pas dans le confort matériel, ce n'est pas pour autant qu'on le néglige à l'AJD. D'année en année, tout est fait pour l'améliorer. La preuve : il y a maintenant un osmoseur pour l'eau douce. Et les plafonds des cabines ne fuient plus depuis que le *BE* a été reponté.

Michel est très attentif au bien-être de ses équipages et de ses stagiaires. La première fois que nous sommes montées à bord avec Charlotte, nous étions arrivées tard dans la nuit à Cherbourg. Nous avions rejoint le car d'un comité d'entreprise à Paris, après une traversée de la France en camion. Il a estimé que nous devions avoir faim et nous a fait d'office deux œufs au plat. C'est comme ça que nous avons fait sa connaissance.

En Martinique, quelqu'un émet le désir de manger du boudin antillais ? Il part et, à midi, il y a du boudin sur les tables. Il précise bien que le boudin n'est pas plus antillais que lui n'est corrézien, mais bon, si vous y tenez !

Une excursion est prévue. On est nombreux. Je le trouve à la cuisine en train de préparer le pique-nique pour tout le monde, à grands coups de pain tranché et de jambon.

À un jeune stagiaire : « Tu vas faire un tour à terre ? Tiens, prends ça. » Il met un billet dans sa main, un peu d'argent de poche.

« Démerdez-vous pour être heureux », nous dit-il. Mais il a l'oreille et l'œil discrètement investigateurs pour aider au bonheur.

Caroline, calée contre un sac à voile, crayonnait d'une main en suçant son pouce de l'autre. Depuis le début de la traversée, elle a l'air plutôt triste, sans entrain. Elle se lève mollement et traverse le pont. Elle monte à la passerelle. « Tiens, lui dit Michel, si tu dessinais un tampon pour le bateau ? » Le visage de Caroline s'éclaire. Elle peut être utile alors ?

Des tampons du *BE*, il y en a déjà plein.

C'est ça le secret : que chacun, pour se sentir bien, exploite ses talents à travers les responsabilités qu'on lui donne et la confiance qu'on lui accorde. Michel l'a appris chez les jésuites.

« Chez les jésuites, on éduque la volonté. Le but est de vous amener à aller au bout de vous-même, de vous pousser à utiliser le meilleur, le maximum de vos possibilités, en tenant compte du fait que tous n'ont pas les mêmes qualités et dons. Le but est de mettre tous les individus en valeur, de les amener à s'épanouir chacun à son niveau. D'aider chacun à prendre conscience qu'il s'agit d'un devoir envers soi-même et les autres d'utiliser au mieux ses potentialités personnelles.»

Le bateau, la vie en mer sont les révélateurs de ces potentialités enfouies. «Ce qui compte en mer, c'est la force de caractère. On y apprend beaucoup sur la maîtrise de soi, de ses peurs, de ses émotions. C'est une vraie école de la vie.»

Quand il a mis les pieds à bord, Jojo était bien trop meurtri pour imaginer qu'il déverrouillerait tout ce qu'il avait de bon en lui. Il n'y croyait plus. Mais il a passé avec succès le golfe de Gascogne, il est à la barre, il jubile et il chante. Il chante! Et, stupéfaction, il a une voix magnifique! Allez Jojo, maintenant sors ta flûte de son étui, fais-lui prendre l'air, depuis le temps que tu la trimbales, ce n'est pas pour rien! Et les notes libérées délivrent celui qui les joue.

Il y a quand même une limite à l'exploitation des talents.

Une certaine année, personne n'aurait soupçonné que la traversée ferait à ce point oublier le traumatisme des procédures judiciaires à quelques abattus qui avaient embarqué. Ils avaient été plutôt renfermés jusqu'à ce que le soleil leur tanne la peau et leur redonne goût à la piraterie. Cette année-là, la marque Petit Navire avait donné des stocks de boîtes de sardines à l'AJD. Il y en avait tellement... D'abord, il y a eu des petits étals de quelques boîtes aux escales. Puis, en Haïti, les choses se sont vraiment gâtées. Si l'on avait laissé faire, toutes les cales du bateau auraient été vidées ! Troc de nourriture contre souvenirs : « Regardez ! J'ai eu ça contre dix boîtes de cassoulet ! » Avec quelle fierté le tableau troqué était brandi ! L'équipage a dû mettre en place des tours de garde pour arrêter le pillage.

« Par ailleurs, je te dirais que l'esprit d'initiative, c'est bien. » Michel est toujours encourageant.

Ça pouvait paraître saugrenu une galerie de peinture au bureau de l'AJD, à Paris. Mais voilà ! Mounie aimait la peinture et Michel le savait. « Pourquoi n'organisez-vous pas quelque chose en dehors de votre travail puisque vous aimez la peinture ? »

Et puis, ça amènerait des gens différents, qui n'auraient rien à voir avec les bateaux, la drogue...

Provoquer les rencontres multiples en élargissant l'horizon.

Mounie a donc fait poser des tiges pour accrocher les tableaux, elle a acheté des plantes vertes. Auparavant, elle avait eu l'idée d'un mur en miroirs qui reflétait la lumière descendant de la verrière du local. Un gars qui travaillait dans une usine d'armoires de toilette lui avait proposé de récupérer les miroirs cassés.

Mounie avait sa galerie. Les expos changeaient tous les quinze jours, elle organisait les vernissages et y conviait des critiques d'art et tous ceux qui, de près ou de loin, s'intéressaient à l'association. Elle est fière d'avoir permis la découverte de jeunes artistes qu'elle a revus plus tard dans de grandes galeries. Elle raconte que Michel commentait les œuvres à sa manière: «Ah, celui-là, il doit avoir des problèmes...»

Peut-être est-ce une légende, mais Michel aurait suggéré un jour de couper un peu les bords, «juste un peu», d'un tableau de Titouan Lamazou que celui-ci lui avait offert, pour le faire entrer dans le cadre qu'il avait sous la main!

Et la boîte de nuit des Épinettes! «Ils» en avaient eu l'idée. «Ils», c'est-à-dire les pensionnaires du foyer. Michel avait tout de suite donné son accord. Au moins, ils mettraient leur énergie là et pas ailleurs. Ils avaient investi le sous-sol inoccupé du foyer, construit une piste de danse, isolé les murs et le plafond avec des boîtes d'œufs en carton, trouvé un tourne-disque. Michel ne s'ingérait pas dans leur affaire. Il se contentait de distribuer les cartes de membres. Pour obtenir la carte, il ne s'agissait pas de montrer patte blanche mais d'être accompagné d'une oie blanche. Surtout préserver l'équilibre entre garçons et filles pour éviter les combats de coqs!

Grâce aux améliorations techniques (sono, lumières) et aux interventions musclées des «ils» en cas de nécessité, la New Baraque acquit une réputation de boîte où tout le monde pouvait venir danser sans crainte, sur de la bonne musique et pour pas cher (1 F). «Cette bande de soi-disant asociaux incapables est parvenue à mener son affaire de façon tout à fait honorable. Nous concurrencions même des clubs privés parisiens. Des groupes de jeunes du XVIe déboulaient chez nous, ils venaient s'encanailler à la New Baraque parce qu'on y ressentait cette espèce d'atmosphère exotique que sécrètent autour d'eux les pas comme les autres. Et nous n'avons jamais eu à déplorer une intervention de la police. Pourtant, à chaque ouverture, on comptait deux à trois cents clients. Bref, ces mômes faisaient du bon travail.»

«C'est délibérément que je m'efface un peu derrière les casseroles pour laisser l'initiative à l'équipage, en machine et sur le pont, ainsi ils se sentent concernés. Je ne m'occupe pas directement des manœuvres tant qu'il y a des bras pour le faire correctement. Ma technique est de laisser faire. Je n'interviens que si j'ai l'impression qu'une bêtise va se produire. Mais la chose la plus délicate est sûrement de se neutraliser soi-même, de se faire le plus transparent possible, de ne pas être trop paternaliste.»

Il n'y a rien de pire que de ronronner dans ses habitudes. À l'AJD, on s'emploie à les bousculer et les contraintes liées à la mer vont dans ce sens.

C'est rudement pépère le cabotage d'île en île. Le bateau nous amène dans des coins magnifiques, il se met au mouillage, le Zodiac nous conduit à terre avec notre petit sac et à nous la journée de balade insouciante, avant de retrouver notre maison flottante. Sauf que, parce qu'elle est flottante, la maison a des propensions aux déplacements surprises.

Mince, le bateau n'est plus là! Ils exagèrent! Ils auraient pu le dire!

Dire quoi? Et comment? Le vent a forci, le mouillage n'était plus sûr, il fallait en trouver un autre.

Eh oui ! Le goûter n'est pas pour tout de suite, soyons dégourdis, retournons sur une hauteur de l'île.

Il est là-bas !

C'est souvent l'occasion de discuter avec les habitants qui aident aux recherches, donnent des indications et mettent gentiment leur voiture à la disposition des enfants perdus pour les ramener à ce drôle de bercail itinérant. Première expérience de stop pour certains.

Ce n'est pas toujours aussi simple. Maurice avait erré longtemps sur les quais de New York avant de retrouver le *Rara* déplacé sur ordre des autorités portuaires :

« *De retour à l'apontement de la 57e avenue, vers 11 heures, je suis surpris, le bateau n'est plus là. Personne aux alentours qui puisse me donner une indication. En partant ce matin, je n'ai pas pris soin de m'habiller décemment et j'ai remis mes vieilles chaussures plus ou moins rafistolées avec de la ficelle. Je suppose que j'ai l'allure d'un clochard. Je longe les quais, les appontements défoncés, hors d'usage, l'herbe pousse entre du béton, entrepôts et carcasses de bâtiments, nulle trace du bateau.*

J'entre à la direction du port. À la réception, trois secrétaires prennent le thé. Après un moment, je suis introduit dans un bureau où un gros homme en chemise et bretelles écoute mon histoire qui semble l'ennuyer beaucoup.

L'homme aux bretelles appelle le consulat et me met d'autorité l'appareil entre les mains. La voix qui répond est française et chargée de méfiance, elle ne veut rien connaître, rien savoir, la mauvaise réputation du bateau est notoire. Elle me dit que le consulat nous connaît trop, qu'il ne veut rien savoir de nos problèmes. En définitive, c'est à la police que je dois m'adresser. Il ne me reste plus qu'à prendre la porte et à poursuivre mon chemin le long de l'Hudson.

J'aperçois un type en uniforme que je prends pour un policier. Il n'a rien vu, en fait c'est un gardien de parking.

Les mâts du Rara *demeurent invisibles. Je rumine en marchant la réception plutôt froide que m'a réservée le consulat.*

À Greenwich Village, toujours pas de bateau le long du quai. J'entre dans un poste de police, comme dans un film américain, il y a une grande salle avec des bureaux situés dans le fond. Des types sont assis menottes aux poignets derrière des tables recouvertes de papier, on parle, on s'agite, on rigole, on y boit aussi de la bière et du Coca. Je m'approche d'un comptoir derrière lequel se tient debout une immense policière noire. Elle porte tout le matériel, pistolet, matraque, menottes, des calepins gonflent ses poches, c'est très impressionnant. J'explique mon affaire, deux coups de portable, elle me donne les coordonnées du bateau: il est en bas de la 10e rue. Je marche encore, il commence à se faire tard.

Au-dessus du toit d'un entrepôt, j'aperçois le haut des mâts et le pavillon breton. À bord, on me regarde d'un air narquois. "Tu nous as trouvés facilement", me demande-t-on? Je dis: "Facile."»

Il faut être débrouillard, comme Maurice. Si on a raté la dernière navette de Zodiac pour rentrer à bord, inutile de s'attendre à ce qu'il y en ait une supplémentaire. Mieux vaut préparer sa nuit sous un cocotier.

On peut tirer une leçon d'autonomie d'un simple échange avec le commandant:

« D'où vient le vent aujourd'hui ?

– Le vent vient d'où il vient. »

Allez, mets l'humeur du commandant dans la poche de ta vareuse, fais fonctionner ta jugeote et trouve tout seul d'où vient le vent !

Il y a un mot manquant dans le dictionnaire de l'AJD : « assistanat ».

En revanche, il y en a un, très usité, qui en désigne l'exact contraire : « tremplin ». Définition du *Petit Robert* : planche élastique sur laquelle on prend son élan pour sauter.

Et dans le petit dictionnaire illustré de l'AJD, à côté de la définition, on verrait la télé du *BE*.

« Quoi ! Vous avez une télé à bord ?

– Oui

– Vous regardez la télé ? (ton scandalisé)

– Non, on fait de la télé. »

Là, il faut avoir pitié de l'interlocuteur décontenancé et lui expliquer. De quoi s'agit-il en fait ? Eh bien, c'est une pratique traditionnelle du bord, ainsi dénommée parce qu'il nous est apparu un jour qu'elle était un substitut avantageux à la télévision, pour les enfants, et pourquoi pas, pour les adultes aussi.

Faire de la télé, c'est grimper sur la lisse, attraper la planche accrochée à un bout qui pend de l'extrémité de la vergue de hunier, faire deux ou trois flexions des genoux, et prendre son élan au-dessus de l'eau.

Une main a parfois un peu poussé l'hésitant mais une fois dans les airs, il est maître de son destin. À lui de bien gigoter pour que sa réception dans l'eau soit bonne.

Il y a des «plouf» plus ou moins réussis, mais en général la tête qui émerge est hilare et les spectateurs aussi.

Le passage à l'AJD est un tremplin. En aucune façon on ne s'y installe. Sauter sur le pont du *BE*, c'est rebondir dans la vie.

Michel fustige tous les organismes qui prennent en charge sur une longue durée et constituent ainsi des groupes de chômeurs, de drogués qui ne se définissent plus que par les aides qu'ils reçoivent. Le ministre, très fier de lui parce qu'il avait mis le Maxiton sur ordonnance, en a été pour ses frais: «Mon pauvre monsieur, c'est très bien évidemment, mais ce que vous avez oublié, c'est de mettre les ordonnances sur ordonnance!» RMI, ordonnances... il faut tout jeter à l'eau. Y compris ceux qui les ont inventés. À l'eau les ministres et les psychiatres! «Et s'ils viennent à bord, qu'ils commencent par faire la vaisselle!»

Dans la bibliothèque du *BE*, j'ai trouvé un poème de Pablo Neruda. Il se termine ainsi:

Vis maintenant
Risque-toi aujourd'hui
Agis tout de suite
Ne te laisse pas mourir maintenant
Ne te prive pas d'être heureux.

Alors, tire sur les fils de ta vie, toi qui tires sur les bouts pour que le bateau ne sombre pas.

« Le bateau est un outil, c'est un outil facile, je l'utilise par paresse »

Par paresse !

Ce curé de choc sans soutane à l'allure d'amiral – ce jésuite iconoclaste peu orthodoxe, abbé Pierre de la mer – ce flibustier, corsaire, chef de rebelles – ce grand gaillard breton façonné dans le granit avec sa stature de colosse, sa gueule taillée à coups de serpe, son nez d'aigle, son visage buriné – cet homme tenace, carré, fonceur, énergique, têtu – ce seigneur impétueux du grand large qui ferait se rencontrer deux montagnes s'il le fallait... Si l'on en croit la presse, ce personnage serait... un titan. Mais un titan paresseux !

Au vu de sa force légendaire, il a choisi un outil facile qui ne pèse que cent cinquante tonnes et ne mesure que quarante mètres. Hauteur sous le ciel : trente mètres ; en bois, fer et tissu, outil multiple pour se déplacer, bronzer, manger, dormir, qui ne demande qu'un minimum de six personnes pour être manié. Sans aucun effort, bien entendu.

Moi, je dis chapeau. Et en plus, il en a deux comme ça.

D'ailleurs, il n'y a qu'à voir comme c'est facile de les ranger le long d'un quai. Ça se fait tout seul, pendant que le capitaine sirote son punch dans un transat avec ses Ray Ban sur le nez.

Danemark, été 2008

Le *BE* navigue dans un canal. Il a déjà passé plusieurs ponts-levis et s'apprête à en franchir un autre. Le responsable du levage du pont a été prévenu par VHF, mais y a-t-il eu erreur de compréhension sur l'horaire d'ouverture ? Une mauvaise estimation de la force du courant et du temps d'approche ?

« Trop vite ! On arrive trop vite !

– Faut freiner !

– Bout au vent, bout au vent !

– Mais on n'a pas la place de faire un tour complet !

– On va sortir du chenal ! On va s'échouer ! »

Dans l'impossibilité de virer complètement, le *BE* se retrouve de travers, poussé par le courant vers une pile du pont. Un équipier hurle : « Tenez-vous, tenez-vous ! »

Premier choc : le bout-dehors explose, le bon Dieu et les apôtres sont arrachés du pont.

Deuxième choc : l'étrave éclate, les bordés suspendus comme un jeu de mikado au-dessus du vide.

Camille raconte que personne n'a eu le temps de paniquer, mais que la stupeur était sur tous les visages : « C'était une vision horrible, tous les morceaux qui pendaient le long de la coque. »

Les dégâts ont été évalués dans un port un peu plus loin, les morceaux remontés sur le pont, et le commandant a jugé que le bateau pouvait repartir amputé. Un couple a quitté le bord, furieux des vérifications trop succinctes à son goût, vociférant nom d'une pipe ! que ces ouvriers-là ne connaissaient rien à leur outil et qu'ils étaient incompétents.

C'est plutôt que l'outil n'est pas si facile que ça... Parfois, il échappe des mains.

Açores, été 2006

On ne pouvait pas se sentir plus en sécurité qu'à Vélas, sur l'île de Sao Georgio. Le port est niché au creux de l'arc de cercle du petit bourg, protégé d'un côté par une colline boisée qui tombe à pic dans la mer, de l'autre par une jetée qui brise les assauts du large. Les deux bateaux étaient à couple le long du quai. C'était le soir. Les ruelles en pente avaient renvoyé les touristes à bord. On s'affairait dans les cuisines. Dans sa douche, Zykton n'a senti qu'une légère secousse...

Il y a eu un miracle ce jour-là. La bonne étoile des bateaux? La bienveillance de l'église toute proche? Le hasard? C'est comme on veut, mais il se trouve que le *Rara* était à l'extérieur. C'est sur lui qu'est monté le flotteur du ferry qui avait surgi de derrière la jetée et fonçait vers le quai comme un cheval emballé. L'énorme catamaran qui ne maîtrisait pas sa course a heurté de plein fouet l'arrière du *Rara*, glissé sur sa coque jusqu'au pavois, touché le mât d'artimon. Heureusement, les aussières ont fait élastique et amorti le choc. Heureusement Hélène avait sauté de la lisse au cri d'un équipier qui avait saisi la vitesse anormale du ferry. Heureusement la coque du *Rara* est en acier... Le *BE* aurait été défoncé, ratiboisé jusqu'au roof. C'est ce que dit Zykton. Lui, dans ces cas-là, se borne à des commentaires techniques, il réclame juste un petit remontant, un peu plus tard.

Le lendemain, après une matinée chantier où tout le monde a mis la main à la pâte pour consolider l'artimon – pour qu'au moins, il ne tombe pas –, le *Rara* a pu repartir. Et le *BE* ne l'a pas lâché d'une semelle, jusqu'à l'Aber Wrac'h...

« Les deux gros arrivent, il va falloir qu'on se pousse, ils vont encore nous envoyer faire la farandole sur la filière au milieu de l'aber, ils vont prendre toute la place comme d'habitude au Moulin de l'Enfer, et on s'occupera plus de nous. Tous les mois de septembre c'est pareil. » Les petits pleurnichent, les hypocrites !

En vérité, ils sont éperdus d'admiration pour leurs aînés qui traversent l'Atlantique, ils sont fiers d'être dans leur aura. Eh ! Ce n'est pas rien d'appartenir à la Jaouen's line ! D'ailleurs il n'y a qu'à voir comme ils se précipitent à leur rencontre avec des frémissements d'impatience et de joie dans les haubans. Ils font la course pour être les premiers à acclamer le retour et leur offrir une escorte un peu désordonnée. Et puis, oui, ils leur laisseront volontiers la place au Moulin de l'Enfer. Après huit mois de navigation, ils méritent bien une cure de remise en forme.

Le Moulin de l'Enfer, chantier paradisiaque de l'AJD...

Depuis la mer, entre les rives bucoliques de l'aber, il faut virer tout à droite vers l'anse insoupçonnée qui cache un drôle de secret. Par la terre, soit on plonge depuis Lannilis sur un chemin forestier dans les bois, soit on part du pont de Paluden et on marche sous les grands pins d'une allée princière qui longe l'aber. Franchement, au bout, il pourrait bien y avoir une belle demeure seigneuriale.

Quoi, il n'est pas beau notre chantier ? Mais si, mais si ! C'est juste qu'au lieu d'un jardin à la française, il y a une passerelle d'où on risque de tomber dans la vase quand elle ne relie pas au pont d'un des deux « gros », que les parterres sont des aussières, des bidons, des chaînes, des tas de ferraille, de planches... Le bâtiment n'est pas Renaissance, mais il est imposant et la visite vaut vraiment le coup. L'intérieur est très vaste, sur deux niveaux. La pièce principale en bas est meublée de toutes les machines à bois possibles et imaginables : déligneuse, toupie, mortaiseuse, scie à ruban, lapidaire, radiale, raboteuse, dégauchisseuse. Au fond se trouve l'atelier mécanique avec le tour, la fraiseuse, encore une scie à ruban. Une autre pièce plus petite constitue le dressing des pots de peinture. Partout, des étagères où les outils sont rangés par catégorie. L'étage est nu, excepté les machines à coudre de la voilerie, il faut de la place pour étaler les mètres carrés de toile. L'espace dégagé permet aussi le travail de finition des longues pièces du gréement, une fois qu'elles ont été assemblées en bas.

Il y a de l'animation là-dedans ! Ça scie, ça découpe, ça ponce, ça rabote, ça coud, ça passe du vernis, ça se concentre sur l'ouvrage, ça se trompe, ça recommence.

« Ça » ? Les « gars du chantier » voyons !

« Ça appelle », répond Zykton laconiquement quand on lui demande comment ils sont arrivés là.

Évidemment, ici rien n'est compliqué. Il veut bien préciser un peu: «Il faut qu'ils soient motivés. Ils insistent. Ils téléphonent dix fois. Ceux-là sont prioritaires.»

Ils ont appris l'existence du chantier en cliquant sur le site du *Bel Espoir*, par les travailleurs sociaux ou par le bouche-à-oreille. Ils viennent de tous les coins de France, sont issus de tous les milieux. Marie-Anne: «Ce sont des jeunes qui sont à la limite de la dérive par rapport à leur famille, la société et son système de travail. Ceux qui ont un problème de drogue ou d'alcool doivent d'abord aller faire une cure de désintoxication. On leur dit: "Va te soigner et après on te prend." Le fait qu'ils viennent d'horizons divers ne présente pas de difficulté, c'est comme sur les bateaux, on a l'habitude.» Zykton: «L'important est de faire le bon choix dans la répartition des stagiaires: j'en ai un qui est comme ci, j'en ai un comme ça, il ne faut pas que j'en aie un autre comme ci. Il ne faut pas avoir en même temps trop de mecs qui ont des problèmes, il faut un mélange qui tienne.» Aurélie: «On ne leur pose pas de questions sur leur passé, ils ne sont pas catalogués, ce qui leur permet de se montrer sous leur meilleur jour. Après, on essaye d'en savoir plus si ça peut les aider.» Elle se souvient de Sylvain, qui était violent avec ses frères et sœurs, mais il ne voulait pas que ça se sache, il voulait repartir à zéro: «Pendant plusieurs mois, ça s'est bien passé, jusqu'à un incident de cohabitation aux baraques où il a eu un comportement étrange, une nervosité incontrôlable.»

Ils ont de préférence entre 18 et 25 ans. Ni compétences – elles se dévoileront au fil des jours – ni diplômes – ils pourront en obtenir après leur expérience au chantier – ne leur sont demandés. Seule est prise en compte leur bonne volonté de suivre ou poursuivre une formation dans le cadre d'une vie collective. Ici, comme aux baraques, les règles de vie *ne sont pas écrites sur les murs* : les stagiaires peuvent partir quand ils veulent et on leur demandera de s'en aller s'ils ne respectent pas l'engagement moral. Ils sont tous logés à la même enseigne, les marmars comme les autres doivent faire leur temps de chantier avant de naviguer. Tous vont naviguer, sur les petits d'abord, puis sur les gros à Brest ou aux Antilles. « L'idée est de commencer par le chantier, mais chaque cas est particulier et le jeune vraiment mal en point fera un tour sur les bateaux pour se refaire une santé avant de travailler au chantier. »

Leur année d'initiation aux « métiers de la mer » dépasse largement le cadre de la mer. C'est complexe un bateau ! Ils apprennent la charpente marine, la voilerie, la soudure, la mécanique, l'électricité, la chaudronnerie, la fonderie, la tuyauterie, la menuiserie, la marqueterie... Chacun se spécialise en fonction de ses domaines de prédilection qu'on lui aura laissé le temps de découvrir. J'en oublie ? Tiens, que font-ils avec cette petite machine posée sur un établi, toute maculée de traces de doigts à force de servir ? Le café, ils savent faire le café ! C'est important pour la pause de 10 heures. Et si l'un d'entre eux a le malheur de dire qu'il aime bien cuisiner, il risque, même s'il n'y connaît rien, d'être expédié aux baraques où il va subir une formation en accéléré pour nourrir tous ses copains à midi.

Copains et... copines! Il y a des filles au chantier!

Elles n'ont rien à envier aux garçons pour le dynamisme, la curiosité et la volonté d'apprendre. Il ne faut pas les imaginer parlant chiffons à la pause de 10 heures, à la rigueur ce serait chiffons de mécanique! Fanny et Ana étaient assises aux pieds de Grand Yves: regards avides et concentrés vers lui, elles écoutaient passionnément les explications qu'il leur donnait. Il n'aurait pas à leur dire deux fois qu'un trou carré à la mortaiseuse provoque des points de rupture...

Au chantier on les voit plutôt «*roots bab*» dans leurs pantalons trop larges, leurs pulls effilochés couverts de peinture, leurs cheveux en bataille constellés de sciure de bois et leurs ongles vernis au cambouis. On les revoit plus tard aux Antilles: une petite robe madras volette autour de cuisses bronzées pendant que des bras musclés tirent sur une drisse; une autre petite robe, noire celle-là, se glisse comme un félin dans le pic avant pour aller lover la chaîne quand l'ancre est remontée; et le bon gracieux qui suit l'apparition de deux fines bretelles sur des épaules dorées surgies de la machine: sous le casque antibruit, le minois rayonne de la satisfaction d'avoir trouvé la panne.

Elles savent tout faire sur les bateaux!

Elles ne connaissent peut-être pas leur illustre prédécesseur, Ella Maillart, mais elles seraient sûrement d'accord avec ce qu'elle écrivait dans *La Vagabonde des mers*:

«*La vie sur un chantier n'a rien de déplaisant. Le travail qu'on y exécute exige un sérieux tour de main, et quand la journée s'achève on s'y sent payé de ses peines par le spectacle de ce qu'on a accompli. Et tandis que les marins s'affairent, l'esprit s'enfièvre à l'idée de ce qu'il va résulter de leur œuvre: donner vie à un bateau affrontant la mer. La tâche n'est jamais assez absorbante pour interdire à l'imagination de vagabonder. L'activité exige du muscle mais au soir la fatigue a quelque chose d'un réconfort. C'est un orgueilleux plaisir que de manier des outils comme il convient de le faire, comme d'autres l'ont appris avant vous, depuis des siècles et des siècles, des générations d'habiles prédécesseurs. Alors par l'effet d'une compréhension qui va au-delà de la solidarité, s'insinue peu à peu le sentiment d'appartenir à la confraternité des artisans.»*

Il me semble que c'est ce qu'ils expriment tous, ces garçons et ces filles du chantier, quand on les regarde travailler et qu'ils répondent volontiers à nos questions. Ils sont épanouis et la confraternité est telle ici qu'on ne voit pas d'emblée qui sont les stagiaires et qui sont les formateurs. Mais où sont donc les chefs?

Celui-là, on le connaît! Zykton! Neveu de Michel, époux de Marie-Anne, père d'Antoine, Mathieu et Solenn. Il est repérable à sa façon de traverser les ateliers: il passe près d'une machine, jette un œil, continue son chemin, s'arrête à une autre, discute, explique, montre.

Ses premiers souvenirs de l'AJD sont les paquets de choco BN qu'il partageait avec les délinquants aux baraques. Et le ski nautique derrière les annexes. L'année de sa troisième tentative au bac, il a fait la traversée avec le *BE*, ce qui lui a garanti le succès à l'examen. Par contre, pour le DUT de génie chimique dans l'est de la France, la mer était bien trop loin, il a craqué. Quant au concours de la marine marchande, ce n'était vraiment pas un jour à se retrouver devant des examinateurs: «Eh les mecs, j'ai mon bateau qui coule, je n'ai pas que ça à faire!» Il avait dormi à bord du *Rara* à Saint-Malo et, consciencieux, avait fait un petit tour à la machine le matin. Elle était inondée, il avait pompé, il n'avait guère la tête à des formules sur une page blanche. Il est parti aux Antilles où il a monté une petite boîte de mécanique, mais le *BE* passait trop près de Saint-Martin, beaucoup trop près... Il est remonté dessus et en a pris le commandement pendant deux ans.

Rien à faire: son destin était scellé avec celui de l'AJD. Responsable technique de la rénovation du *BE*, puis de celle du *Rara*, initiateur du chantier de réinsertion... le voilà maintenant patron d'une entreprise un peu spéciale. Il court les fournisseurs, planifie les journées, supervise le travail de tous et de chacun, toujours disponible pour donner un conseil, indulgent... Et pas bavard. Sauf si on le fait parler de l'association. Alors là, il devient intarissable, dans le langage qu'il connaît le mieux, celui de la mécanique: «Avec le reste des dons pour le *Bel Espoir*, on a pu lancer le chantier du *Rara*, il y avait de quoi amorcer la pompe.»

Il est aussi le chroniqueur du *Brénique*, journal hebdomadaire en ligne de la vie de l'association.

Extrait du numéro 40, année 2003:

«La dépose du mât de hune s'effectue sans aide extérieure, la manœuvre est simple:

– Mollir les étais de focs et de trinquette

– Larguer l'étai de clin-foc

– Larguer les galhaubans et les marocains

– Larguer les haubans de hune

– Frapper une poulie en tête de bas-mâts sur tribord

– Passer une drisse dans cette poulie puis dans le réa au pied du mât de hune et frapper le bout de la drisse en tête de bas-mâts sur bâbord

– Déposer tous les colliers et feux de navigation en tête de mât

– Raidir la drisse citée au-dessus, et chasser les cales de retenue du mât sur le chouque

– Mollir la drisse et récupérer le mât sur le pont.

Vous n'avez pas tout compris et pourtant vous souhaiteriez vraiment déposer un mât de hune ? Alors, passez nous voir sur place à l'heure de la pause-café, des informations complémentaires peuvent se négocier avec des pains au chocolat. »

En schématisant on pourrait dire que si Michel est le maître spirituel, Zykton est le maître temporel.

D'ailleurs ça agaçait un peu Titive, cette propension des stagiaires à voir en Zykton un gourou et à l'imiter en tout. Par exemple, Zykton est souvent pieds nus, ils sont tout le temps pieds nus.

« Mais pourquoi tu mets pas des chaussures ?

– J'ai les pieds enflés.

– Mais t'as pas les pieds enflés toute l'année ! »

J'ai interrogé Titive sur ce qu'il a vécu avec les jeunes du chantier : « Je suis à l'âge de la retraite et je ne regrette pas ces dix années passées avec eux qui sont pleines de bons souvenirs. Même si parfois c'est stressant de voir des gars qui ne sont pas comme tout le monde. Il y a des jours où t'es complètement déboussolé. Mais ils ont des idées, je les écoute, on discute. De travailler avec des jeunes on ne vieillit pas pareil. On n'est plus à côté de la plaque. Ça me permet parfois de rêver comme eux. Et d'autres fois, en rentrant chez moi, je me dis: "Mais ils sont cons! Et je marche dans la combine!" Je suis un peu farfelu mais c'est grâce à eux, et je suis content de l'être. Pour moi, c'est une réussite, ils sont tous copains avec moi, on s'entend très bien, même si je me suis engueulé avec tout le monde, y'en a aucun qui m'en veut.»

Pourtant, au début, il a eu du mal avec eux. Déjà, il avait eu des réticences à «bosser sur les bateaux des drogués» quand Zykton était venu le chercher pour refaire le pont du *Rara* en 1992. Et lui, Titive, quarante ans de menuiserie, cinquante heures de travail par semaine à 15 ans, chef d'atelier à 24, se retrouve avec cette bande de bras cassés fainéants!

Qui ne sont jamais à l'heure le matin (mais leur dire, c'est les faire fuir).

Qui, parfois, disparaissent un jour ou deux (mais ici, ce n'est pas une faute professionnelle).

Qui se roulent une cigarette et boivent un café au lieu de coller le plancher (comme on leur a demandé).

Qui sautent dans le fourgon qui va chercher du matériel à Brest (ils n'ont pas besoin d'être deux).

Qui à midi moins le quart partent à la banque (elles sont ouvertes le samedi)...

Ceux qui laissent traîner les outils, qui cherchent les gants pas rangés la veille, qui réclament des pinceaux neufs parce que ceux d'hier sont tout desséchés faute d'avoir été nettoyés... Et comment je fais ça? Où je trouve ça? Qu'est-ce que je fais avec ça? T'as pas un serre-joint?

«Tu les engueules, mais bon... Ça ne sert pas à grand-chose. Au bout d'un moment, ils comprennent. Il ne faut pas brusquer les choses. Patience obligatoire!»

Titive a pris en main l'atelier menuiserie, il a mis ses machines à la disposition de l'AJD, d'abord à Camaret pour les aménagements intérieurs du *BE*, ensuite au chantier, en attendant que Zykton puisse en acheter.

Il a accepté l'idée d'être là davantage pour former que pour travailler: «Ça m'emmerdait au début de voir les bons foutre le camp quand ils avaient fini leur temps, parce que les bons partent et il y en a six ou sept qui arrivent qui sont nuls.» Il a accepté l'idée que dans ce chantier atypique les notions de délai et de rendement soient secondaires.

«Je veux faire une porte.

– Eh bien, fais une porte!»

Il faut un peu de temps pour faire la porte, elle est bien, pas bien... mais c'est une porte!

C'est ce que n'a pas compris Roland, formateur depuis peu et qui n'est pas resté. Il ne supportait pas les retards de livraison. Si celui qui avait commencé une pièce disparaissait un jour, il la donnait à finir à un autre. Mais non, ça ne fonctionne pas comme ça au Moulin de l'Enfer! Xavier, Philippe, Gwenn, Grand Yves ou Antoine le savent. Avant d'être formateurs, ils sont passés par là, ils ont été stagiaires, ont appris sur le tas et maintenant ils transmettent leur savoir-faire. Le but est que chacun réalise à son rythme des morceaux de bateau, dont il pourra penser et dire: «J'ai fait ça.»

Grand Yves: «Les problèmes que peuvent avoir les stagiaires, je les ai connus. Pas la défonce, mais le fait de se sentir mal, de ne pas trouver sa place par le travail au sein de la société. J'ai mis du temps moi aussi, jusqu'à 30 ans je n'ai pas fait grand-chose. J'en avais marre des boulots où on ne me faisait pas confiance. Ici, j'ai pu prendre des initiatives. Je pense qu'il y a beaucoup de gens dans ce cas-là, qui ne sont pas feignants, mais ont du mal à trouver leur place. Après le chantier c'est plus facile.»

Antoine: «Heureusement, j'ai changé. En sortant de mon CAP, j'avais l'impression de tout savoir, j'étais maniaque, intransigeant. J'ai appris à être posé, à laisser faire, même si ça n'allait pas dans le sens que je supposais être le mieux. J'ai tendance à vouloir que ce soit au top, je croyais que c'était une qualité, maintenant je ne sais pas, je me rends compte que c'est souvent un défaut, le perfectionnisme.»

Michel, toujours optimiste, un peu excessif, a son idée sur la question: «L'objectif n'est pas que ça aille vite. Plus ça traîne, mieux c'est, car ça occupe vingt jeunes qui, sinon, seraient au RMI. Et puis, ils ont plein d'autres choses à faire, ils passent du chantier aux bateaux et vice versa, ils peuvent aussi travailler pour eux, il y a du bois, des machines, ils peuvent se faire une table. Ils sont là pour apprendre, ça ou autre chose c'est pareil, et rien que d'arriver à les faire se lever le matin, c'est extraordinaire.»

Évidemment, l'observateur extérieur est perplexe devant la méthode. Surtout qu'elle est efficace. En traînant un peu au chantier, je me suis demandé comment s'organisait le travail. Zykton m'a expliqué qu'il y a bien des plans au départ, mais qu'ils constituent finalement une base à une improvisation au jour le jour. De même qu'il s'adapte aux arrivages de bois – aujourd'hui une cabine en merisier, demain une autre en chêne –, il tient compte des avis des stagiaires qui ne sont pas que des exécutants. L'escalier est droit sur le plan? Finalement, il aura une forme arrondie. Les différents corps de métier travaillent dans la concertation. L'électricien ne dit pas: «Pousse-toi» au menuisier, mais: «Tiens, j'ai un fil à faire passer là.» Et les deux collaborent.

Moi, je crois que la méthode consiste tout simplement à tisser des liens pour que personne ne soit laissé sur le bord. Tout le monde à bord!

Les jeunes construisent, c'est bien. Ils se reconstruisent, c'est le plus important. Au chantier ou en mer, l'idéal est le même: que la communauté aide à vivre avec soi-même. Tant mieux si on répare de beaux objets flottants, tant mieux si on navigue avec, si on voyage, mais la finalité est ailleurs.

«La motivation est à chercher du côté des gens, pas de la technique. On se lasse rapidement de la technique, pas de l'humain», précise Zykton.

D'un chantier au Danemark est né un jour le premier outil de l'AJD. Chaque année, il renaît au chantier du Moulin de l'Enfer. Bien sûr, c'est un outil facile!

« L'avantage sur un bateau c'est qu'on trouve des gens qui acceptent de partager la vie des toxicos, des délinquants. Ils font l'effort parce qu'il y a le bateau. C'est un outil facile pour la communication, ça va tout seul, c'est forcé, obligatoire, on ne peut pas faire autrement », explique Michel.

Et la preuve que la communication marche bien : « S'il fallait décerner un prix au *Bel Espoir*, ce serait celui de la meilleure agence matrimoniale ! »

« Nous ne sommes qu'un maillon de la chaîne »

Chaque jour, des lettres adressées à l'AJD ou au père Jaouen arrivent au bureau. Marie-Anne ou Michel avaient dit au téléphone : « Écrivez. » Alors, elles sont là. Des lettres sincères et courageuses, certaines peut-être écrites avec l'aide d'un éducateur ou d'une assistante sociale. La détresse est voilée pudiquement par la simplicité des mots, l'application à convaincre de la volonté de s'en sortir. Elles ne réclament pas. Elles expriment un espoir.

« J'ai tout fait pour pas aller en prison car j'ai envie de tout mon cœur de travail sur le *BE* et de naviguer. Je suis d'un milieu social défavorable et je me débrouille comme je peux. Je dois sans doute vous faire chier avec toutes les lettres que je recompte plus pour avoir au moins la chance et le bonheur de venir travailler sur votre bateau *Bel Espoir II*. »

« Je suis marin depuis une dizaine d'années et un maléfice s'est jeté sur moi. J'ai attrapé une tendinite, résultat, trois mois d'arrêt. Ce marasme m'a fait dériver un peu plus dans l'alcool et la drogue, celle-ci me hante et je suis actuellement en fin de traitement à la méthadone (20 mg). Cette frénésie m'a perdu. J'éprouve beaucoup de difficulté à reprendre mon métier, je n'éprouve plus l'allégresse d'aller en mer. Je me sens un peu paumé, égaré, perdu dans la solitude. J'ai besoin d'une motivation, de me mettre au service des autres. J'ai également la certitude d'avoir besoin des autres et l'envie de sourire, de m'épanouir, de vivre ! Sachez mon père qu'il m'a été très difficile de m'expliquer par une lettre, mon fardeau était beaucoup trop épineux, il fallait que ça éclate. »

« Après avoir utilisé mon BTS en travaillant dans l'agroalimentaire, j'ai tenté de m'installer à mon compte comme artisan peintre, je suis tombé malade et ai cessé toute activité depuis un an, tout en suivant un traitement pour retrouver mon équilibre. J'aimerais maintenant reprendre une activité et rencontrer du monde après quelques essais infructueux en intérim. »

« Depuis mes 16 ans, je suis cuisinier, le stress, les horaires tardives font que je veux arrêter cette profession. Vivant de nuit, je sortais très souvent et donc à boire. Je fumet de l'herbe très régulièrement et depuis 6 mois je fais une dépression nerveuse. Ne m'entendant plus avec mon frère et ma sœur, il nous arrive de nous battre violament. Je veux changer de vie, avoir une vie avec un travaill de jour. Le fait d'aller chez vous me permettrais de faire le points et d'apprendre un métier et d'être elloigné de ma famille pendant un temps. »

«Mon fils de 26 ans revient d'une longue galère: drogue, hôpital psychiatrique, rechute, re hôpital, maison de convalescence... Malgré son parcours il est toujours resté attaché au milieu aquatique, ayant grandi au bord du lac. C'est pourquoi un nouveau départ avec vous serait pour nous un "bel espoir". Que Dieu nous aide et guide notre fils.»

«Actuellement je purge une peine de prison en bénéficiant d'un aménagement de peine comme "ouvrier d'espaces naturels". Même si c'est une expérience enrichissante je souhaite donner une autre voie à mon avenir professionnel. Je désire acquérir un savoir faire en cuisine car cette activité me tient à cœur. J'aimerais pouvoir apporter mes services de cuisinier à bord du *Bel Espoir*, ça me permettrait de faire un "break" avec un entourage qui me met souvent en position instable.»

«Depuis plusieurs années j'ai pris un chemin un peu trop marginal à mon goût. Etant politoxicoman j'essaye de trouver ma voix. Je sord d'un centre de postcur, je me suis principalement sorti des produits de substitution mais mon problème actuellement est l'alcool et il m'aie difficile de m'en d'aiffaire. Je voix le bout du tunnel mais je n'arrive toujours pas à trouver la route et je suis fatigué.»

«Mon fils de 31 ans, célibataire, est actuellement classé handicapé psychique. C'est la suite d'un emploi de télésurveillant de nuit dans un service de la SNCF pendant 8 années. Il n'a pas mentalement résisté. Il a tendance à se refermer sur lui même, craignant que "les autres" ne le trouvent pas assez coopérant. Il a besoin de s'extérioriser et d'être occupé, ce qui n'est pas le cas actuellement puisqu'il réside avec nous. Aidez nous, je vous en supplie.»

«J'ai le profond désir de me sortir définitivement de la galère. J'ai fait une expérience réussie à l'hôpital. J'en suis sortie dans une forme éblouissante. J'ai absolument besoin d'un soutien et d'un suivi suffisamment long pour décrocher pour toujours.»

«Je suis âgé de 22 ans. Je suis candidat pour un départ sur un de vos voiliers. Après cinq années de toxicomanie, je suis actuellement en démarche de soins dans une post-cure. Je travaille sur moi même et sur un projet professionnel avec l'aide d'une éducatrice. J'ai déjà navigué dans le commerce et la plaisance. Je recherche un travail personnel et d'équipe. Cette opportunité de prendre le large m'apporterait beaucoup de choses.»

«Je serais très intéressé pour partir avec vous en croisière sur le *Bel Espoir*. Je me demande si vous acceptez à bord des gens comme moi. Je suis en effet considéré comme adulte handicapé. J'ai des difficultés relationnelles, je suis aussi dépressif. J'ai 54 ans. Je pense qu'un voyage en mer me ferait le plus grand bien mentalement.»

«Dès l'âge de 12 ans j'ai travaillé dans le spectacle. Ce qui était un jeu est vite devenu une passion et un métier. J'ai traversé des périodes de travail très intense et je me suis laissé entraîner à utiliser des produits dont j'ai sous-estimé les effets. Une pause serait maintenant nécessaire pour me permettre une coupure et rebondir sur de vraies valeurs. »

« Mon père. Notre fils vient d'avoir 20 ans. Depuis son échec scolaire, à l'âge de 17 ans, il a commencé à se droguer au haschich et à ne plus vouloir travailler à l'école. Il a recommencé 3x sa rhéto sans résultat, la 1ère x il a arrêté à Pâques, la 2ème au carnaval et la 3ème x au mois de décembre. Vous pensez bien qu'à chaque fois on a essayé de le sortir de cette situation. Les psychiatres et les psychologues ont tous décelé une blessure narcissique, une spirale de l'échec. Il ne se lève plus que vers 17 h-18 h, mange à n'importe quelle heure et fume de l'herbe toute la nuit en écoutant de la musique hard. Nous avons essayé de le faire entrer en clinique mais il ne s'est pas laissé faire. Nous sommes complètement démunis, nous ne savons plus à quel saint nous vouer, nous portons l'espoir que vous pourrez faire quelque chose pour lui. »

« Ma petite amie décédée, le médecin me fit mettre sous antidépresseurs. J'avalais les médicaments comme des bonbons. J'ai pris conscience de cette dangereuse dépendance. Un séjour chez vous me permettrait de comprendre mon mal de vivre. J'ai besoin d'échanges humains car je n'en peux plus de cette solitude, d'un lieu où des gens seraient disponibles pour moi et ainsi reprendre une vie sans artifice. »

« Monsieur, je vous ecrie pour vous demandé à vous rencontre et vous faire par de ma situation en se moment même. La juge ma laissé une chansse pour ment sortir donc jais un mois pour construire un progé et je conte tous faire pour le realiser. Voilà jais fait plusieur bétise et je me suis retrouvé en prison pendant une période. Je veux faire cuisinier si vous pouvais médé cela pourais vraiment médé à mensortirMon éducatrice ma parlé de votre asosiation et je serais près à vous rencontré pour emparlé le plus rapidement possible. Je vous remerci de votre compréention. »

« Père Jaouen, je sais depuis longtemps que vous êtes le "Bel Espoir" pour les âmes et les corps en dérive. Je fais donc appel à vous : "*Clamavi ad te domine, exaudi meam...*" J'exerce comme prof de français, de latin et de grec. J'ai 57 ans. Depuis la mort de ma mère j'ai plongé dans la bibine. J'ai autour de moi toute une batterie de psychiatres, je ne vois pas là de solution véritable. J'ai longtemps pratiqué la pêche avec des amis. Je me sens homme de mer et je crois que ma vie peut prendre un vrai sens par la mer Dites moi sincèrement ce que vous en pensez et si le *Bel Espoir* est mon espoir ultime. *In Domino.* »

« Depuis que j'ai entamé mes démarches de soin, je me suis heurté a l'insertion par manque de conviction de but bien précis dans la vie. Aujourd'hui je suis plus lucide et surtout plus receptif face à la maladie alcolique. Je sait d'avantage par expérience qu'une sortie après trois mois de post-cure inspire pour ma part doute et fragilité face à une réalitée parfois impitoyable. C'est pourquoi je sollicite votre association afin de pouvoir grâce à votre aide, mener a bien un véritable projet de vie pour me retrouvé dans un climat de confiance et de m'épanouir professionnellement.»

«Je suis incarsser, j'ai pris une mauvaise voix, dont je voudrait m'en sortir. Etant toxicomane, le trafic m'a conduit ici, là en maison d'arret. Motivé pour repartir sur le bon chemin et ne plus dériver, je vous écrit. Alors si vous pouvez faire quelque chose pour ma toxicomani, en attendant je poursuit mon sevrage et continureit quoi qu'il en soit.»

«Docteur Jaouen, voilà plus de 2 ans que j'essaie de combattre mes angoisses, mais je ne sais me réfugier que dans l'alcool. Après une cure et deux post-cures je voudrais en finir avec cette drogue qui me détruit à petit feu! J'ai 29 ans et mes problèmes remontent à mes 24 ans après mon IVG que j'ai subi involontairement, afin de garder mon ami qui depuis m'a quitté. Je suis prête à m'investir totalement dans cette expérience pour en ressortir au mieux de moi même. Je sais que tout dépend de moi. Je me battrai jusqu'au bout pour trouver un remède contre mon mal être.»

«Voilà mon histoire, je suis un jeune homme de 22 ans et pour l'instant ma vie n'a été qu'un enfer. A 11 ans je me faisais violer et toucher tous les jours par le surveillant du dortoir. Je n'ai pas pu en parler à mes parents car ils étaient en pleine séparation. J'ai habité chez ma mère, puis chez mon père, puis encore chez ma mère et de là elle m'a viré de chez elle et je me suis retrouvé SDF à l'hôpital psychiatrique. Je n'ai parlé de ce viol à ma mère qu'à l'âge de 16 ans parce qu'elle ne comprenait pas que je prenne de l'alcool, du shit et des néocodions. On a immédiatement porter plainte et c'est seulement maintenant que le procès de mon violeur a lieu. Mon père je désire vraiment après le procès aller sur le *Bel Espoir* pour être aidé à vaincre la drogue. Merci mon père de prendre ma demande en urgence.»

«Bonjour. J'ai 25 ans. J'aime beaucoup la mer et les bateaux et aimerait faire une formation chez vous. Je suis quelque peu décalé dans ma vie et le travail serait pour moi une bonne thérapie. Je n'arrive pas à faire le pas pour démarrer dans la vie, et ce malgré mes diplômes. Cela vient du fait que je suis seul, et suis parti de chez moi et ne désire pas y retourner pour des raisons personnelles. Juste quelque temps. Le temps pour moi de me retrouver. Tout ce que j'entreprends est voué à l'échec malgré de bonnes aptitudes au travail et à la vie en communauté. Je suis diplômé en mécanique mais c'est surtout le bois que j'aimerais travailler. J'aimerai beaucoup tenter le coup avec vous car je crois que le jeu en vaut la chandelle. Je reprendrai contact avec vous par téléphone.»

Toutes ces lettres qui disent tellement le désir de s'ancrer dans le bonheur de vivre...

Le maillon de l'AJD est graissé à la douceur et la compréhension. J'ai vu Marie-Anne accueillir à 6 heures du matin le cuistot titubant après une nuit blanche. Elle lui a tendu la main pour l'aider à enjamber la lisse. Il s'est écroulé sur le pont, incapable d'aller plus loin. Elle est allée chercher une couverture pour qu'il ne prenne pas froid. Elle n'a pas eu un mot de reproches. Toutes les deux, nous avons continué de regarder l'aube se lever, avec les ronflements à nos pieds.

Le maillon de l'AJD est martelé à la franchise et à la fermeté. «Elle biaisait, dit Marie-Anne en parlant de Sophie. Elle a voulu postuler en couple, mais chez nous les candidatures sont individuelles et son copain voulait seulement la suivre. Elle est venue quand même avec lui, elle l'a installé dans la baraque du haut. Il restait au lit quand les autres se levaient et partaient au chantier, c'était un mauvais exemple pour eux. Il m'apportait des cafés au bureau. "Mais qu'est-ce que tu fais là à glander? Tu ferais mieux de te chercher une piaule!" Après, elle a combiné pour ne pas partir sur *Rara* l'été (puisque son petit copain ne pourrait pas monter à bord), elle voulait soi-disant rester au chantier. "Mais tu sais bien que le chantier est fermé en août!" Elle a monté un autre plan, elle a constitué un équipage qui suivrait *Rara* sur *New Dawn* et le copain serait dedans! Elle a semé la panique chez les gars. Un jour, il n'y avait personne à manger à midi à la baraque du bas, ils étaient "vénères" parce que lui n'avait pas le droit d'être là, ils étaient tous à la baraque du haut, par solidarité!»

Sophie est partie, avec son petit copain sous le bras.

Le maillon est sacrément secoué parfois, de doutes, de révoltes, de rechutes, de bagarres contre soi, contre les autres.

Et des grincements de poulie, il y en a!

La grande question: «Quel est votre taux de réussite?»

À l'AJD, on ne connaît pas de taux, on ne connaît que le taud qui sert à s'abriter du soleil sur le pont des bateaux.

Non, il n'y a pas de statistiques. On ne peut pas en faire, il y a tellement de gens qui passent. Et on ne veut pas en faire. Ils sont venus librement, ils repartent librement. On ne leur a pas demandé de comptes sur leur passé, on ne leur en demandera pas de leur futur. Ils n'écrivent pas – une carte postale parfois –, ils reviennent, juste pour dire un petit bonjour ou rester quelque temps, camper, donner un coup de main.

Quelquefois, la chaîne casse. Il arrive que le maillon de l'AJD ne soit pas assez solide. À une escale, Louis est mort d'une overdose. Son point d'attache à la vie s'est rompu. Et ce maillon-là ne suffit pas toujours, ceux d'après peuvent casser aussi.

Michel dit: «Les résultats ne sont pas très spectaculaires. Ils portent sur des nuances. Pour arriver à sortir un garçon ou une fille de l'ornière, il faut des années et des années de patience et rien de bien spectaculaire, du patient travail de terrain souvent déprimant et attristant. ***C'est une action faite de myriades de petites choses.*** Le gamin ou la gamine s'est dégradé pendant des années, dans diverses circonstances et pour les en sortir, il faudra également beaucoup de temps et bon nombre de circonstances. Et à la fin, on ne pourra pas dire que ce sont le *Bel Espoir* ou le père Jaouen qui les a sortis de là, parce que nous n'aurons été qu'un maillon de la chaîne, juste des éléments positifs parmi une multitude d'éléments qui allaient dans ce sens. Personne, excepté le rescapé, ne peut revendiquer la victoire.»

Il y a tous ceux pour qui la chaîne a tenu. Michel me citait le cas de ce promoteur immobilier, enfant d'une cité, qu'il emmenait en vacances. Il avait été récupéré par la voisine de palier qui en avait déjà six. Une autre, qui avait causé les pires soucis à bord, devenue pédopsychiatre. Tous ceux et celles qui sont sevrés de la drogue, de l'alcool, du mal de vivre, ont trouvé du travail, fondé une famille.

Pour donner une idée des résultats obtenus au chantier (plus faciles à cerner que ceux des traversées) : sur quarante jeunes restés une année, dix-huit ont trouvé un emploi, treize ont suivi une formation diplômante, sept élèves officiers ont continué leur cursus dans la marine marchande, un cherchait un emploi de marin, un seul n'avait pas donné de nouvelles.

C'est douloureux de quitter l'AJD!

Que ce soit en voyage ou au chantier, la vie y est facile. Zykton: «Il faut cette coupure pour réintégrer le circuit conventionnel, se réinvestir petit à petit dans la vie sociale, mais le risque est de ne pas avoir envie d'aller voir ailleurs. Il ne faut pas qu'ils croient que toute leur vie, ils vont rester à ce rythme. On reste un lieu de passage.»

Les formateurs aussi doivent admettre que leurs protégés s'en vont et que la reconnaissance, peut-être, ne sera pas exprimée.

Un monsieur de 87 ans, fervent lecteur du Journal annuel de l'AJD et donateur fidèle, écrit à Michel:

« Je peux vous dire quel souffle d'air frais, de jeunesse, de confiance en l'avenir m'a apporté le bulletin de décembre. En même temps que la lucidité et le réalisme. Cela fait chaud à nos vieux cœurs de voir ce que vous faites, sans faire de baratin sur Dieu mais en agissant concrètement, en étant son témoin discret. Vous le vivez chaque jour, recueillant patiemment les moindres parcelles de bonne volonté. Bien sûr, c'est une goutte d'eau face aux problèmes actuels, mais la mer n'est-elle pas faite de gouttes d'eau ? »

J'aime bien cette image de tous les maillons de la chaîne qui se tendent dans toutes les gouttes d'eau de l'océan...

La terre est en vue.

Pas plus d'excitation à l'arrivée qu'au départ.

Il y a une pudeur à dire le mot « FIN ».

Ils ne sont pas nombreux ceux qui seront soulagés de quitter ce foutu bateau. Pour les autres, tous les autres, la nostalgie déjà.

Je veux qu'il reste flou, le paysage de la terre. Je veux qu'elle cesse de se rapprocher. Je lui superpose encore et encore des images de mer. Je veux les garder. J'ai peur de les oublier.

L'heure des séparations va venir.

Regards qui s'embuent lorsqu'ils se croisent. Doigts maladroits qui écrivent des adresses. On s'étreint en pensée, car il nous reste encore un peu de temps ensemble.

« Le bateau des drogués » arrive en Martinique. Une à une, ses voiles ont glissé le long des mâts. Son moteur ronronne, paré à l'accostage. Ses bouts ont été lovés. Son pont est propre, rangé. Ses passagers tiennent debout. Conquérants bientôt de cette terre qui les avait bannis, ils savent, eux, que leur bateau s'appelle le *« Bel Espoir »*.

Toutes ces mains qui ont tiré sur les bouts, tenu la barre, recousu les voiles, frotté les cuivres, fait la vaisselle, mains qui ont aussi tourné des pages, distribué des cartes, joué des accords, pointé le doigt vers le souffle de la baleine, ces mains qui se sont empoignées parfois, qui ont tremblé dans le manque, ces mains vont se poser toutes sur la même aussière. Elles vont l'agripper toutes ensemble, elles seront fermes dans l'unisson de leur effort pour amener le bateau à quai et que la manœuvre, leur manœuvre, soit belle.

« Quand nous partageons à bord un lever de soleil sur l'horizon, la chaleur de ses rayons naissants, c'est une parcelle d'humanité qui s'éveille. »

Glossaire

À la cape: en pleine mer, manœuvre qui permet d'immobiliser le navire.
Abattre: changer de direction en éloignant la proue du lit du vent.
Affaler: amener, abaisser une voile.
Arrimer: attacher solidement un chargement dans un bateau.
Amener les voiles: affaler.
Artimon: désigne à la fois le mât le plus à l'arrière du bateau et la voile qu'il supporte.
Aussière: gros cordage utilisé pour s'amarrer.
Balancine: cordage qui, descendant de la tête de mât, va au bout d'une vergue ou d'une bôme pour la soutenir à cette extrémité.
Barbotin: pièce du guindeau qui porte le nom de son inventeur, le capitaine de vaisseau Benoît Barbotin.
Barrot: poutre transversale de la charpente qui soutient le pont.
Baudoin: marque de moteurs de bateaux.
Biturer: étaler les bouts sur le pont avant les manœuvres pour qu'ils ne s'emmêlent pas.

Bôme: longue pièce horizontale en bois ou métal, fixée en une de ses extrémités au mât, qui soutient la partie basse de la voile.
Bordé: latte de bois qui constitue l'habillage du navire et en fait l'étanchéité.
Border: tirer sur une écoute pour aplatir une voile.
Bosco: maître de manœuvre.
Bossoir: système permettant de hisser une annexe sur le pont.
Bout: terme générique désignant un cordage. Prononcer [boute].
Bout au vent: lorsque le voilier est face au vent.
Bout-dehors: «mât» horizontal à l'avant du navire qui soutient les focs.
Brasser le hunier: orienter la voile portant le nom de hunier.
Bringuebale: pompe à mains sur le pont pour vider l'eau de la cale.
Calmasse: temps calme, sans vent.
Choquer: donner du mou, c'est-à-dire relâcher une écoute, une aussière...
Coursive: couloir étroit à l'intérieur d'un navire.
Dalot: ouverture aménagée dans le bastingage au-dessus de la ligne de flottaison, permettant l'évacuation des eaux.
Donner du mou: choquer.
Drisse: cordage servant à hisser.
Écoute: cordage permettant de régler les voiles.
Empanner: virer de bord vent arrière.
Enfléchures: échelons horizontaux disposés sur les haubans et permettant de monter dans la mâture.

Étaler dessus: bloquer un cordage ou la chaîne de l'ancre pendant une manœuvre.
Étambot: pièce qui, en prolongeant la quille, soutient le gouvernail.
Étarquer: tendre un bout le plus possible.
Faseyer: une voile insuffisamment bordée qui flotte au vent faseye.
Ferler: plier la voile autour de la bôme.
Filière: système d'amarrage des bateaux, les uns derrière les autres, au mouillage.
Flèches: voiles tout en haut du gréement.
Focs: voiles à l'avant du bateau.
Fortune: grande voile carrée à l'avant du bateau, comme un spi.
Garde avant – garde arrière: aussières
Guindeau: treuil utilisé pour relever l'ancre.
Haubans: câbles ou cordages destinés à assurer le maintien des mâts.
Hunier: voile carrée supportée par deux vergues, au-dessus de la misaine sur le BE.
Lisse: ceinture de bois horizontale sur le dessus du pavois.
Lover: enrouler un cordage.
Membrures: pièces de bois ou de métal qui forment le squelette de la coque d'un bateau.
Misaine: désigne à la fois le mât situé à l'avant du bateau et la voile qu'il supporte.
Moustaches: paire de haubans étayant latéralement le bout-dehors.
Nourrice: petit réservoir.
Osmoseur: dessalinisateur d'eau de mer.

Pavois: prolongement de la coque qui constitue le bastingage, au-dessus du pont.
Phoscar: carbure de calcium s'enflammant au contact de l'eau. Placé sur les bouées de sauvetage, il permet un repérage efficace.
Pic avant: espace de la cale le plus à l'avant du bateau, qui contient en général les chaînes des ancres.
Pointe avant – pointe arrière: aussières.
Poupée: pièce du guindeau.
Roof: superstructure fermée sur le pont qui sert de salle à manger.
Scoubidou: dispositif permettant de récolter les algues sur un goémonier.
Sous-barbe: câble ou cordage reliant le bout-dehors à la coque.
Standard C: télex par satellite.
Taquet: pièce utilisée pour amarrer les cordages.
Touline: petite balle à l'extrémité d'un cordage fin relié à une aussière. La balle lancée permet à la personne qui la réceptionne sur le quai d'y amener l'aussière pour l'accostage du bateau.
Toron: élément d'un cordage.
Trinquette: voile entre la misaine et les focs.
Vent fraîchit: la force du vent augmente.
Vergue: longue pièce horizontale en bois ou métal, fixée en son centre au mât, permettant de soutenir une voile; par exemple les vergues de hunier.
Winch: treuil.
Yankee: foc.

Table des matières

Remerciements

Je remercie les journalistes de presse, de radio et de télévision qui, avant moi, ont recueilli les paroles de Michel.

Je remercie tous ceux et celles qui m'ont envoyé leurs témoignages écrits ; tous ceux et celles qui ont accepté d'être enregistrés.

Un merci particulier à Maurice, qui m'a laissé puiser largement dans ses journaux de bord.

Je remercie Patrick pour la profusion de ses dessins, et Fabienne pour ses idées artistiques.

Je remercie Marie, mon « coach », qui m'a prodigué ses conseils et soutenue.

Je remercie Pascal Bodin du collectif « Camera Obscura » de Brest, qui a accepté que ses photos du chantier paraissent dans ce livre.

Je remercie Marion, éditrice tellement compréhensive !

Je remercie toute l'AJD pour son concours : j'ai pu fouiner dans le bureau, interrompre les gars et les filles dans leur travail au chantier pour les interroger.

Et... merci à Michel, qui n'en avait « rien à faire » de mes « conneries », mais les regardait d'un œil bienveillant !

L'existence de ce livre est due à un élan collectif, à l'image de l'idéal de l'association.

Chantal Loiselet

Dans la même collection Glénat Poche Aventure

- BALLU YVES, *Naufrage au Mont-Blanc; L'affaire Vincendon et Henry*
- BENOIT-JANIN ANNE, *Les Népalaises de l'Everest; Quand ascension rime avec émancipation*
- CHAUVE JEAN-YVES, *L'Atlantique en eaux troubles*
- DEMAISON ANDRÉ, *Les Diables des volcans; Maurice et Katia Krafft*
- LE GUEN FRANCIS, *Narcoses*
- MARTHALER CLAUDE, *Voyages sellestes; Les montagnes du monde à deux-roues*
- ROBERT DE LATOUR PIERRE, *Frère des orques; En apnée avec les orques libres*

Achevé d'imprimer en France en avril 2024 par SEPEC Numérique, sur papier provenant de forêts gérées de manière durable.

IMPRIM'VERT®

PEFC 10-31-3532